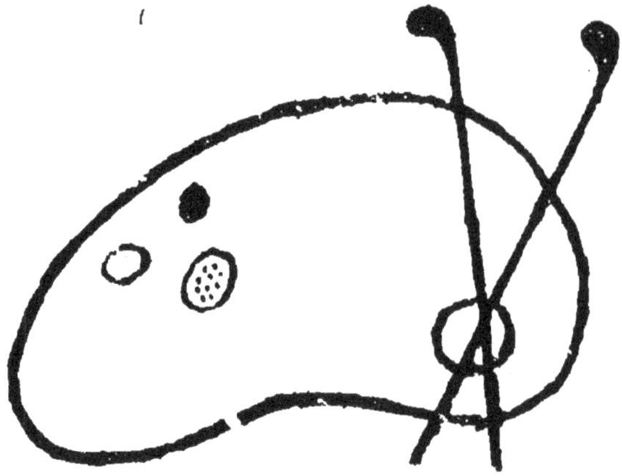

Début d'une série de documents
en couleur

UNE

COLLECTION CANONIQUE ITALIENNE

DU COMMENCEMENT DU XIIe SIÈCLE

PAR

M. PAUL FOURNIER

Professeur à la Faculté de Droit de Grenoble.

GRENOBLE

IMPRIMERIE ET LITHOGRAPHIE F. ALLIER PÈRE ET FILS

26, Cours Saint-André, 26

—

1894

UNE

COLLECTION CANONIQUE ITALIENNE

DU COMMENCEMENT DU XIIe SIÈCLE

PAR

M. PAUL FOURNIER

Professeur à la Faculté de Droit de Grenoble.

GRENOBLE

IMPRIMERIE ET LITHOGRAPHIE F. ALLIER PÈRE ET FILS

26, Cours Saint-André, 26

1894

Extrait des *Annales de l'Enseignement supérieur de Grenoble*, tome VI, n° 3.

COLLECTION CANONIQUE ITALIENNE

DU COMMENCEMENT DU XIIe SIÈCLE

Le manuscrit 3831 de la Bibliothèque du Vatican contient une collection canonique en trois livres, où les fragments, tirés des Décrétales, des Conciles et des Pères, sont distribués en titres classés eux-mêmes d'après un ordre méthodique. Cette collection est, à peu de chose près, identique à une collection en trois livres contenue dans le manuscrit 109 du Chapitre de Pistoie, qui a été décrit, il y a quelques années, par M. Luigi Chiappelli[1]. En outre, elle a passé presque

[1] Une notice d'une grande importance a été publiée par M. Luigi Chiappelli dans le tome XXXIV (année 1885), de l'*Archivio Giuridico*, pp. 245 à 257, au cours de son mémoire : *I manoscritti giuridici di Pistoia*. Voyez encore Conrat, *Geschichte der Quellen und Literatur des römischen Rechts im früheren Mittelalter* (Leipzig, 1890), pp. 375-377, qui se fonde sur les observations de M. Chiappelli. Le manuscrit de Pistoie, seul connu jusqu'ici, a été étudié sur divers points par M. Thaner, comme le prouve son mémoire, *Zu zwei Streitschriften des 11 Jahrhunderts*, dans *Neues Archiv*, t. XVI, p. 542, et par M. Th. von Sickel, *das Privilegium Otto I fur die römische Kirche* (Innsbruck 1883), p. 59, note 2. Mansi a connu le manuscrit de Pistoie, dont il s'est servi pour établir le texte de quelques décrets du concile de Latran de 1123, cf. *Supplementum ad Concilia Veneto-Labbeana*, (Lucques, 1748 et ss.) t. II, p. 355 et ss., sans d'ailleurs s'être fait une idée bien exacte de cette collection.

tout entière dans une collection en neuf livres, fort mal connue, qui, conservée dans le manuscrit C 118 de la bibliothèque du Chapitre de la Basilique Vaticane, est comme une seconde édition de la collection en trois livres. Ayant été amené à étudier le manuscrit du Vatican et celui de la Basilique de Saint-Pierre, je ne crois pas inutile de consigner ici quelques observations qui feront mieux connaître les formes diverses d'un recueil canonique composé, comme tant d'autres, dans les premières années du XIIe siècle, sous l'influence des tendances réformatrices qui exerçaient depuis un demi-siècle une influence si profonde dans l'Église.

Je m'occuperai tout d'abord de la collection en trois livres. Ensuite j'en rapprocherai la collection de Saint-Pierre.

Je n'aurais pu achever cette étude sans le concours du R. P. Ehrle, S. J., qui a bien voulu en collationner les épreuves avec le manuscrit du Vatican. Tous ceux que leurs travaux ont appelés à Rome connaissent sa très-sûre érudition et son inaltérable obligeance : l'ayant éprouvée à plus d'une reprise, je suis heureux de lui exprimer ici mes sentiments de profonde gratitude.

PREMIÈRE PARTIE

LA COLLECTION EN TROIS LIVRES

Cette collection, comme il vient d'être dit, est contenue dans deux manuscrits, celui du Vatican et celui de Pistoie. Elle n'a été jusqu'à présent connue que par le manuscrit de Pistoie.

Le Vatic. 3831, est un manuscrit de la première moitié du XIIe siècle, in-folio, de format moyen, comptant 151 feuillets, écrit sur deux colonnes, tout entier de la même main[1]. Le manuscrit est inachevé, en ce sens que les sommaires des titres n'ont pas été transcrits dans le corps du manuscrit; on ne les trouve qu'en titre courant. La reliure est moderne, aux armes de Pie IX et du cardinal

[1] L'écriture du manuscrit devient plus fine et plus serrée à partir du fol. 137.

Pitra. L'ordre des feuillets a subi quelques interversions[1]. Le manuscrit porte la mention : *Liber Ecclesie Sydon (iensis)*.

Le manuscrit appartenait, dès la seconde moitié du XIVe siècle, à la librairie pontificale d'Avignon[2]. Auparavant, à en juger par la mention : *Liber Ecclesie Sydon (iensis)* qui est répétée au commencement et à la fin, il était la propriété de l'église de Sidon, (Saïd) en Syrie, la Saïette du Moyen-Age, où un évêché latin exista au XIIe et au XIIIe siècles[3]. Ce n'est point d'ailleurs le seul débris que le Vatican conserve de la Bibliothèque de cette église[4].

Le manuscrit 109 de la Bibliothèque du chapitre de Pistoie ne m'est connu que par la notice qu'en a publiée M. Chiappelli, dans l'*Archivio Giuridico*. Il comprend 189 feuillets, a été commencé sous le pontificat de Calixte II[5] (c'est-à-dire en 1119 au plus tôt), et a été terminé en 1123 ou peu après : il a reçu des notes additionnelles, insérées dans le texte ou transcrites en marge, à la fin du XIIe siècle ou au commencement du XIIIe. Les initiales sont coloriées ; quelques-unes sont ornées de miniatures. La couverture a reçu ces mots : *Liber Decretorum antiquorum*, et le premier feuillet porte en titre, écrit de la main qui a copié le manuscrit : *Liber ordinis romani vel canonum*. Les huit premiers feuillets contiennent, outre quelques extraits des Pères, des catalogues « des rois d'Israël, de Perse, de Grèce, des souverains Romains, Lombards, Francs et Germains, qui

---

[1] Ainsi l'ordre véritable est celui-ci : fol. 33, 35, 34 et 36. Cette interversion se produit au cours du titre IX du Livre II, *de simoniaca heresi*.

[2] Je dois ce renseignement au R. P. Ehrle. Voir son ouvrage : *Historia Bibl. Rom. Pontificum*, I, 359, où notre manuscrit est mentionné dans l'inventaire de l'année 1369 (n° 939). Il demeura à Avignon après 1411, époque du départ des Catalans, et fut ensuite transporté au Vatican.

[3] Le Quien, *Oriens Christianus*, III, p. 1320.

[4] Outre le manuscrit Vatic. 3831, le manuscrit Vatic. 1345, collection théologique et juridique en dix-huit livres, provient de la même origine. Il en est de même, d'après le R. P. Ehrle, d'un homéliaire qui passa de Sidon à Avignon, puis appartint à la *Burghesiana*, où il portait le n° 141 ; à la récente dispersion de la bibliothèque Borghèse, il a été transporté au Vatican.

[5] Cette date résulte, comme l'explique M. Chiappelli, de ce fait que le scribe a joint au manuscrit une liste de papes dont le dernier nom est celui de Calixte II. Pour les papes antérieurs, la durée du pontificat a été indiquée, mais non celle du pontificat de Calixte, qui régnait encore au moment où écrivait le scribe. Les noms d'Honorius II et d'Innocent II ont été ajoutés par une main postérieure.

régnèrent en Italie au Moyen Age, et des papes » : quelques détails sont donnés sur les princes Lombards et les empereurs Allemands [1]. La collection canonique commence au 9e feuillet. Ce manuscrit, d'origine italienne, appartient au chapitre de Pistoie depuis une date inconnue.

Les renseignements que je me propose de fournir sur cette collection sont tirés du Vatic., 3831. En le rapprochant de la notice publiée par M. Chiappelli, il m'a été facile de constater l'identité générale des collections contenues dans l'un et l'autre manuscrit. Toutefois, l'exemplaire du Vatican et l'exemplaire de Pistoie diffèrent sur certains points; je mentionnerai, chemin faisant, celles de ces différences qu'il m'a été permis de constater.

Pour atteindre mon but, qui est, non de faire connaître la collection dans toutes ses parties, mais d'en donner une idée assez exacte, en attendant qu'elle soit jugée digne d'une édition, il m'a paru utile de publier d'abord la table des rubriques de chacun des titres des trois livres, en faisant suivre chaque rubrique de l'indication du premier et du dernier chapitre du titre et de celle du nombre des chapitres. Ensuite, je ferai connaître la composition d'un certain nombre de titres choisis comme échantillons. Je signalerai, en troisième lieu, les fragments de droit romain rencontrés par moi dans le Vatic. 3831. Enfin j'essaierai de résoudre quelques questions relatives à la collection.

CHAPITRE I. — TABLE DES RUBRIQUES DES TITRES [2]

LIVRE 1er

I. — *De primatu Romane Ecclesie* (12 chapitres).

1. — Ex libro Deuteronomii [3] : Si difficile et ambiguum apud te judicium....

---

[1] Les fragments de ces listes concernant l'Italie du moyen âge ont été publiés par M. Chiappelli, *Archivio Giuridico*, t. XXXV (1885), pp. 75-79.

[2] Cette table a été déjà dressée par M. Chiappelli d'après le manuscrit de Pistoie. Cependant j'ai cru nécessaire de la donner ici, d'abord parce qu'éditée d'après le manuscrit du Vatican, elle permet de constater matériellement l'identité des deux collections, en outre parce que je l'ai augmentée des renseignements que n'a pas fournis M. Chiappelli.

[3] *Deutéronome*, XVII, 8 et ss. M. Chiappelli (*op. cit.*, p. 252) a pris à tort pour

2. — Damasus papa : Scitis, fratres karissimi, firmamentum à Deo....[1].

II. — *De puritate fidei Romane Ecclesie*[2] (6 chapitres).

1. — Lucius...[3]. A recta (*Ms.* recto) ergo fide et apostolico tramite...
6. — Eusebius.....[4] In sede apostolica extrà maculam....

III. — *De Principatu Pape* (7 chapitres).

1. — Gelasius....[5]. Quamvis universe per orbem....
7. — Ex epistola Anacleti pape[6]. In novo Testamento post dominum nostrum.....

IV. — *De ordinatione Romani Pontificis* (15 chapitres).

1. — Symmachus papa generali presidens synodo dixit[7] : Si quis papa superstite....
15. — Ex constitutionibus inperatorum primi Octonis et primi Henrici. In electione Romanorum pontificum ne quis liber neque servus....[8].

V. — *De papa et apostolica non judicanda sede. (Pistoie : De papa et apostolica sede non judicandis)* (17 chapitres).

1. — Innocentius.....[9] Nemo judicabit primam sedem....

---

un prologue de la collection ce fragment biblique qui en réalité n'en est que le premier chapitre.

[1] Ps. Damase, c. 8 : Hinschius, *Decretales Pseudo-Isidorianæ*, p. 502.
[2] Le manuscrit du Vatican ajoute ici *de principatu*,
[3] Ps. Lucius, c. 7 : Hinschius, p. 179 ; cf. C. 24, Q. I, c. 9.
[4] Ps. Eusèbe, c. 19 : Hinschius, p. 240 ; cf. C. 24, Q. I, c. 11.
[5] Introduction du décret de Gélase *de recipiendis libris* : Hinschius, p. 83 ; cf. D. 21, c. 3.
[6] Ps. Anaclet, c. 24 : Hinschius, p. 79 ; cf. D. 21, c. 2.
[7] Résumé du c. 2 du décret de Symmaque au concile romain de 499 : Hinschius, p. 658 ; cf. D. 1, c. 17.
[8] *Monumenta Germaniæ, Legum sectio IV, Constitutiones et Acta*, t. I, p. 26 ; cf. D. 63, c. 32.
[9] Cf. *Constitutum Silvestri*, c. 27 : Coustant, *Epistolæ Romanorum Pontificum*, appendice, c. 52 : cf. C. 9, Q. 3, c. 13.

17. — Liberius papa. Olim et ab initio.......

VI. — *Quod ad papam pertinet reginem omnium ecclesiarum* (2 chapitres).

1. — Gelasius...[2]. Cuncta per mundum novit ecclesia.....
2. — Sixtus (II[us]) [3]. Fratres quos timore terreno...

VII. — *De potestate pape sine sinodo deponere episcopos, restituere, transmutare,* (Ms.) *incardinales* (13 chapitres).

1. — Felix...[4]. Multarum transgressionum reperiris...
13. — Idem (Silverius) Vigilio...[5]. Habeto itaque cum his qui tibi consentiunt...

VIII. — *De regum subjectione ad Pontificem Romanum* (13 chapitres).

1. — Gelasius in epistola Athanasii[6], c. VI. Illud vero peculiarius....
13. — Gelasii pape[7]. Sicut quamvis parva civitas prerogativam...

IX. — *De auctoritate pontificali et regali* (9 chapitres).

1. — Leo episcopus Pulcherie....[8] Omnes res aliter tute esse.
9. — Augustinus. Mitte hamum et cum piscem.

---

[1] Cf. Ps. Denys, c. 2; Hinschius, p. 195. L'attribution à Libère se rencontrerait dans la collection *Anselmo dedicata*, II, 39, d'après Theiner, *Disquisitiones*, p. 100. Je ne retrouve point ce chapitre de l'*Anselmo dedicata* d'après les manuscrits de Bamberg et de Metz. Le texte, avec attribution à Libère, se trouve dans la collection d'Anselme de Lucques, I., 39.

[2] Cf. Gélase aux évêques de Dardanie : Hinschius, p. 643 et C. 9, Q. 3, c. 18.

[3] C. 7 : Hinschius, p. 192 ; cf. C. 9, Q. 3, c. 19.

[4] Félix à Acace : Hinschius, p. 634.

[5] Silvère à Vigile : cf. Blondel, *Pseudo-Isidorus et Turrianus vapulantes*, p. 605 et C. 23, Q. 4, c. 30, § 1.

[6] A la marge pour le *rubricator* : *Idem in epistola Anastasii*, cap. IV. Anastase, pape, à l'empereur Anastase, c. 6 : Hinschius, p. 656.

[7] Gélase aux évêques de Dardanie : Hinschius, p. 641 ; cf. 68. D. 96, c. 15.

[8] Fin de la lettre de S. Léon à Pulchérie : Hinschius, p. 603.

X. — *Nichil agendum contrà Romanam Ecclesiam* (14 chapitres).

1. — Calixtus...[1]. Non decet à capite....
14. — Augustinus, in libro contrà Manicheos[2]. Palàm est quod in re dubià....

XI. — *Nullum concilium firmum esse sine auctoritate Pape* (7 chapitres).

1. — Julius...[3]. Regula vestra nullas habet vires....
7. — Quod nulla generalis synodus rata sit sine auctoritate apostolica. Pelagius Papa[4]. Synodorum congregandarum auctoritas...

XII. — *De appellanda sede apostolica* (8 chapitres).

1. — Fabianus...[5]. Si in rebus secularibus....
8. — Idem (Johannes pape in concilio apud Ravennam habito residente Lamberto imperatore), cap. xiiii[6]. Si quis sanctorum patrum regulas contempserit...

XIII. — *Nullum ordinandum vel dampnandum sine auctoritate Pape* (9 chapitres).

1. — Victor... episcopo Theophilo[7]. Ad apostolicam delatum est sedem ea vos judicare....
9. — Pius...[8]. Si quis vero à suo proposito....

---

[1] Ps. Calixte, c. 1 : Hinschius, p. 186; cf. D. 12, c. 1.
[2] Cf. D. 11, c. 9.
[3] Ps. Jules, c. 13 : Hinschius, p. 471; cf. D. 17, c. 2.
[4] Ps. Pélage II : Hinschius, p. 721.
[5] Ps. Fabien, début du c. 15 : Hinschius, p. 164.
[6] Concile de Ravenne sous Jean IX, voir plus loin, p 369.
[7] Ps. Victor, c. 4 : Hinschius, p. 128; cf. Ans. de Lucques, II, 9.
[8] Ps. Pie, 4 : Hinschius, p. 117; cf. C. 3, Q. 4, c. 3.

XIV. — *Ut dubie et majores cause ad apostolicam sedem referantur* (5 chapitres).

1. — Felix... Benigno...[1]. Semper dubia et majora negocia....
5. — Damasus..[2]. Discutere episcopos et summas ecclesiasticorum causas...

XV. — *De novis ecclesiis auctoritate sedis apostolice consecrandis* (11 chapitres).

1. — Gregorius...[3]. Lator presentium Johannes frater et coepiscopus noster...
11. — Gelasius, c. XXIV[4]. De locorum vero consecratione...

XVI. — *De violatoribus canonum et observatione conciliorum* (13 chapitres).

1. — Damasus...[5]. Violatores canonum voluntarie....
13. — Leo IV episcopis Britannie...[6]. De libellis et commentariis....

XVII. — *De institutis ecclesiasticis pro temporis qualitate moderandis* (6 chapitres).

1. — Leo Rustico Narbonensi...[7]. Sicut quedam sunt que nulla possunt...
6. — Sicut scriptura quoque divina dicit quod postquam Ezechias dissipavit...

---

[1] Ps. Félix I, c. 17 : Hinschius, p. 204 ; cf. Anselme de Lucques, II, 13.
[2] Ps. Damase, c. 8 : Hinschius, p. 502 ; cf. C. 3, Q. 6, c. 6.
[3] Lettres de S. Grégoire (édition des Bénédictins), XI, 19 ; cf. C. 16, Q. 5, c. 10.
[4] *Decretum generale* de Gélase, c. 27 : Hinschius, p. 653 ; cf. D. 1, de cons. c., 4.
[5] Ps. Damase, Hinschius, p. 21 : cf. C. 15, Q. 1, c. 5.
[6] Jaffé-Wattenbach, n° 2599 : cf. D. 20, c. 1.
[7] Au préambule de la lettre de S. Léon à Rusticus : Hinschius, p. 616 ; cf. D. 14, c. 2.

XVIII. — *De ordinatione Romane Ecclesie et de subreptione Romani Pontificis*[1] (3 chapitres, suivis de 8 fragments de droit romain, sous la rubrique *De legibus*, tous indiqués plus loin : le manuscrit de Pistoie ne contient que les deux premiers de ces fragments romains).

1. — Leo... Evangelia autem, sicut mandastis, transmisimus....
3. — Innocentius....[2]. Veniam nunc ad maximum.

LIVRE II

I. — *De prelatorum electione*[3] (55 chapitres).

1. — Innocentius Aurelio Cartaginensi...[4]. Miserum est eum fieri magistrum...
54. — Ejusdem (Jeronimus)[5]: Qualis enim edificatio...

II. — *De ordinatione archiepiscoporum et episcoporum* (19 chapitres).

1. — Anacletus..[6]. Ordinationes episcoporum auctoritate apostolica....
19. — Constantinus, natione Syrus, ordinavit Felicem archiepiscopum Ravennatem...[7].

III. — *De ordinatione sacerdotum et levitarum* (6 chapitres).

1. — Anacletus...[8] Presbiteris ad qualemcumque locum...

---

[1] Pistoie : De ordinato in Ecclesia Romana et de subreptione Romani pontificis.
[2] Innocent Ier aux évêques de Macédoine : cf. C. 35, Q. 9, c. 5.
[3] *Liber Pontificalis*, éd. Duchesne, t. I, p. 389 : cf. Anselme de Lucques, II, 74. Ce livre à la différence du premier est précédé d'un *index* où sont indiqués les sommaires des titres. Il en est de même dans le manuscrit de Pistoie.
[4] Innocent Ier à Aurelius de Carthage ; Hinschius, p. 546 : cf. D. 61, c. 4.
[5] S. Jérôme, in epistola ad Titum, c. 2 ; cf. C. 8, Q. 1, c. 21.
[6] Ps. Anaclet, c. 17 ; Hinschius, p. 75 ; cf. D. 64, c. 2.
[7] *Liber Pontificalis*, extrait de la biographie de Constantin Ier (éd. Duchesne, p. 389).
[8] Ps. Anaclet, c. 28 : Hinschius, p. 82.

6. — Gelasius... [1]: Ordinationes etiam presbyterorum diaconorumque nisi certis diebus.

IV. — *De reordinatione* (6 chapitres).

1. — Damasus... [2]. Per illicitam manus impositionem....
6. — Ex concilio Spalensi II° [3]. Episcopus enim sacerdotibus ac ministris...

V. — *De episcoporum et clericorum mutatione* (38 chapitres).

1. — Calixtus papa. Sicut [4] alterius uxor...
38. — Ex concilio Cant. (Antiocheno) [5]. Episcopus alienam civitatem que non est illi subjecta....

VI. — *De metropolitanorum mensura* (12 chapitres).

1. — Anitius universis ecclesiis per Gallie provincias constitutis [6]. Si quis metropolitanorum fuerit inflatus...
12. — Ex concilio Affricano [7]. Placuit et illud, ut plebes, que numquam habuerunt proprios....

VII. — *Ne quis universalis appelletur* (6 chapitres).

1. — Pelagius... [8] episcopis omnibus. Nullus patriarcharum universitatis vocabulo...
6. — Innocentius... [9]. Quod sciscitaris utrum divisis imperiali judicio....

---

[1] Décrétale du pape Gélase Ier, c 13 : Hinschius, p. 652 ; cf. D. 75, c. 7.
[2] Pseudo-Damase, *de chorepiscopis* : Hinschius, p. 514 ; cf. C. 1, Q. 7, c. 25.
[3] Cf. fin du c 6 du 2e concile de Séville : Hinschius, p. 438 ; cf. D. 67, c. 2.
[4] Ps. Calixte, c. 14 : Hinschius, p. 140 ; cf. C. 7, Q. 1, c. 39.
[5] Concile d'Antioche : Denys le Petit, c 100.
[6] Ps. Anicet, c. 4 : Hinschius, p. 121.
[7] C. 98 du *Synodus Africanorum*, dans la *collectio canonum* de Denys le Petit.
[8] Ps. Pélage II : Hinschius, p. 721 ; cf. D. 99, c. 4.
[9] Innocent Ier à Alexandre, évêque d'Antioche, c. 2 : Hinschius, p. 548.

VIII. — *De ecclesiis sacrandis et ritibus et sacramentis earum* (84 chapitres).

1. — Sans *inscriptio*...[1]. Si motum fuerit altare....
84. — Gregorius papa VII^us[2]. Quicumque militum vel cujuscumque ordinis vel professionis...

IX. — *De simoniaca heresi* (41 chapitres).

1. — Ambrosius[3]. Accepisti pecuniam...
41. — Terremotus autem in diebus Oçie regis...

X. — *Ut episcopus sacrificans testes habeat et de missarum celebratione* (17 chapitres).

1. — Anacletus...[4]. Episcopus Deo sacrificans....
17. — Jeronimus in epistola ad Ephesios. Psalmus ad corpus Domini....

XI. — *De sedibus episcoporum* (13 chapitres).

1. — Urbanus...[5]. Quod sedes in episcoporum ecclesiis excelse....
13. — Omnis enim pontifex sacro chrismate....[6].

XII. — *De sacerdotali juramento* (7 chapitres).

1. — Cornelius...[7]. Sacramentum hactenus....
7. — Ex concilio Remensi[8]. Nullus ex ecclesiastico ordine....

---

[1] Cf. D. 1, *de consecratione*, c. 19.
[2] C. 1 du Concile Romain de 1078 : Jaffé, *Monumenta Gregoriana*, p 332 ; cf C. 12, Q. 1, c. 4.
[3] *Décret* d'Yves, V, 132 : S. Ambroise, c. 4 sur c. 4 de S. Luc.
[4] Ps. Anaclet, c. 10 : Hinschius, p. 70.
[5] Ps. Urbain, c. 7 : Hinschius, p. 145.
[6] Ps. Clément, c. 59 : Cf. *Anselmo dedicata*, II, 5.
[7] Ps. Cornélius, c. 3 : Hinschius, p. 173 ; cf. C. 2, Q. 5, c. 1.
[8] L'attribution au concile de Reims est fausse, quoique très répandue ; cf. C. 22, et la note de M. Friedberg ; ce texte est dans Burchard, la *Panormia* et le *Décret* d'Yves.

XIII. — *De episcoporum successoribus* (6 chapitres).

1. — Ex concilio Antiocheno[1]. Episcopo non licere....
6. — [2] Vereor quomodo regina Austri......

XIV. — *Quibus sacri ordines tribuendi, quibus negandi* (65 chapitres).

1. — Pelagius...[3]. Si evangelica ammonicio......
65. — Siricii pape, c. xiiii[4]. Illud quoque nos par fuit providere...

XV. — *De sacerdotibus incardinandis*[5] (16 chapitres).

1. — Cum Honorato diacono que Gregorius percepta occasione sue ecclesie cardinales....
16. — Gregorius[6]. Scire te volumus quod à te districte...

XVI. — *De membrorum truncatione* (12 chapitres).

1. — Innocentius Felici Nucerino episcopo[7]. Quod partem cujuslibet digiti.....
12. — Lucius...[8]. Si quispiam sacerdotum.....

XVII. — *De munditia sacerdotum* (25 chapitres).

1. — Leo episcopus Septimo Aquilegensi episcopo[9]. Inferiorum ordinum.....

---

[1] Concile d'Antioche, Denys le Petit, c. 101 ; cf. C. 7, Q. 1, c. 3.
[2] S. Jérôme, sur l'épître à Titus, c. 1, vers. 8 : cf. C. 8, Q. 1, c. 22.
[3] Pelage Ier : J. W., n° 993 ; cf. D. 55, c. 13.
[4] Sirice à Eumère de Tarragone, c. 14 : cf. D. 50, c. 66.
[5] Pistoie : eorumque testamento.
[6] S. Grégoire à Honoratus, diacre de Salone, I, 20.
[7] S. Innocent à Félix de Nocera, c. 1 : cf. D. 55, c. 6.
[8] Paraît être un décret du concile du pape Eugène II en 826 : cf. D. 81, c. 22.
[9] Fin de la lettre de S. Léon à l'évêque d'Aquilée : Hinschius, p. 570.

25. — Aurelianus[1]. Si se cuique relicta presbiteri vel diaconi conjunxerit.... [2].

XVIII. — *De clericorum lapsu et restitutione* (33 chapitres).

1. — Gregorius.... [3]. De lapsis sacerdotibus ac levitis vel quibus libet ex clero.....

33. — Eugenii pape, cap. XIIII. Sacerdos aut quis alius in ordine sacro provectus... [4].

XIX. — *De sanctificatione clericorum* (7 chapitres).

1. — Ex concilio Chalcedonensi[5]. Venit ad sanctum sinodum quod de his qui...

7. — Cyprianus[6]. Neque enim apud altare Dei...

XX. — *De cupiditate clericorum* (8 chapitres).

1. — Leo...[7]. Nec hoc quoque pretereundum.

8. — Ambrosius[8]. Si quis usuram accepit.....

XXI. — *De abstinentia clericorum et ne quis invitus ordinetur.*

1. — Gregorius Johanni episcopo Siracusano[9]. Quorumdam ad nos relatione....

XXII. — *De correctione clericorum.*

Les deux titres (le précédent et celui-ci) sont emmêlés l'un dans l'autre. Le tout est composé de 43 chapitres. Le dernier commence

---

[1] Concile d'Orléans, c. 9 : Hinschius, p. 337 ; cf. D. 28, c. 11.

[2] Une note interlinéaire a été ajoutée à ce chapitre : De subdiaconi uxore aliter secundum Gregorium, Leonem.

[3] S. Grégoire, Lettres, I, 44 : cf. C. 16, Q. 6, c. 4.

[4] C. 14 du concile Romain de 826 ; cf. D. 81, c. 7.

[5] Concile de Chalcédoine, probablement c. 3.

[6] S. Cyprien, *ad clerum et plebem Furnitanorum*, I, 9 : cf. D. 88, c. 14.

[7] S. Léon aux évêques de Campanie, etc., c. 3 : J. W., n° 402 ; Hinschius, p. 614 ; cf. C. 14, Q. 4, c. 8.

[8] Ambros. in libro *de bono mortis*, 12 : cf. C. 4, Q. 4, c. 10.

[9] S. Grégoire, Lettres, XI, 34 : cf. D. 74, c. 6.

ainsi : Joannis Crisostomi. Quicumque autem desideraverit primatum in terra.....

XXIII. — *De portionibus ecclesiastice oblationis* (10 chapitres).

1. — Gelasius....[1]. Quattuor autem tam de redditu....

10. — Damasus....[2] Hanc consuetudinem que contra sanctam ecclesiam catholicam. ..

XXIV. — *De obedientia erga episcopos et de conspirantibus* (17 chapitres).

1. — Bonifacius papa[3]. Ad hoc dispositionis provisio...

17.— Ambrosius in libro de officiis. Si quis non obediat episcopo....

XXV. — *De excommunicatione* (37 chapitres).

1. — Fabianus[4]. Sicut apostoli statuerunt dicentes...

37. — Decet ergó episcopum qui omnium speculator est positus....

XXVI. — *De excommunicantibus* (30 chapitres).

1. — Gregorius Januario Caralitano...[5]. Inter querelas multiplices....

30. — Clemens...[6]. Te quidem oportet inreprehensibiliter vivere...

XXVII. — *De privilegiis ecclesiarum* (47 chapitres).

1. — Leo ad christianum[7] vere religiosum vereque orthodoxum principem loquitur : Multum Anatholius episcopus.

47. — Nemo potest dicere cur pauper vivit....

---

[1] Gélase Ier aux évêques *per Lucaniam et Bruttios* : J. W., 636 ; cf. C. 12, Q. 2, c. 27.

[2] Ps. Damase : J. W. n° 249 ; cf. C. 10, Q. 1, c. 15.

[3] Ps. Boniface II à Eulalius : Hinschius, p. 703 ; cf. D. 89, c. 7.

[4] Ps. Fabien, c. 6 : Hinschius, p. 159 ; cf. C. 11, Q. 3, c. 16.

[5] S. Grégoire, Lettres, II, 49, fin.

[6] Ps. Clément, c. 4 : Hinschius, p. 33.

[7] S. Léon à l'Empereur Marcien : Hinschius, p. 610.

XXVIII. — *De privilegiis monasteriorum* (14 chapitres).

1. — Gregorius episcopus episcopis omnibus[1]. Quam sit necessarium monasteriorum....

14. — Gregorius in registro, CCXXXVIII. Item constituimus ut obediente abbate....[2].

XXIX. — *De Monachis* (65 chapitres).

1. Ex concilio Calcedonensi[3]. Qui vere et pure solitariam eligunt vitam...

65. — Ex concilio Agathensi, c. LVI[4]. Venditionum quas abbates...

XXX. — *De virginibus* (44 chapitres).

1. — Gelasius[5]. Devotis virginibus...

44. — Ex concilio A(n)cirano, c. VIII[6]. Quotquot virginitatem polliciti...

XXXI. — *De tricennali possessione* (28 chapitres).

1. — Ex concilio Calcedonensi[7]. Per singulas ecclesias...

28. — Arelatensis sinodi[8]. Episcopus in diocesi aliena...

XXXII. — *De accusatione et circumstantiis* (174 chapitres).

1. — Clemens Jacobo...[9]. Notum facio tibi, domine...

174. — Alexander papa V^us à beato Petro[10]. Omnis confessio que fit ex necessitate....

---

1 Concile apocryphe de S. Grégoire : J. W., n° 1366; cf. C. 18, Q. 2, c. 5; et *Coll.*, 39.

2 S. Grégoire, Lettres.

3 C. Chalcedoine, c. 4 de la version Dionysienne : cf. C. 16, Q. 1, c. 12.

4 Cf. Concile d'Agde, c. 56 : cf. C. 17, Q. 4, c. 44.

5 Cf. Décret général de Gelase, aux évêques de Lucanie, etc. c. 14 : cf. C. 20, Q. 1, c. 11.

6 Cf. C. 27, Q. 1, c. 24 et les notes de M. Friedberg.

7 Cf. C. 16, Q. 3, c. 1.

8 C. 15 du Concile d'Orléans de 538 : cf. C. 7, Q. 1, c. 28.

9 Ps. Clément, c 1 : Hinschius, p. 30.

10 Le fragment est analogue, dans la pensée sinon dans l'expression, à Ps. Alexandre, c. 7 ; Hinschius, p. 98.

XXXIII. — *De judicibus et judiciis* (61 chapitres).

1. — Evaristus....[1]. Audivimus quosdam episcopos infamatos.....
61. — Alexander imperator Aurelio[2]. Ea que advocati presentibus his....

XXXIV. — *De scripturis autenticis et apocrifis* (55 chapitres).

1. — Zepherinus...[3]. Sicut stellas celi...
55. — [4] Si qui inventi fuerint libros famosos et ignotos in ecclesia legere vel cantare, excommunicentur.

LIVRE III

I. — *De unitate Ecclesie* (11 chapitres).

1. — Gregorius...[5]. Non turbatur navis que....
11. — Cyprianus...[6]. Quia neque ad Caïn munera...

II. — *De scismate* (4 chapitres).

1. — Hieronymus [7]. Quoniam vetus Oriens....
4. — Pelagius...[8]. Scisma si quidem...

III. — *De hereticis* (36 chapitres).

1. — Jeronimus in epistola ad Galatas[9]. Inter heresim et scisma...

---

[1] Ps. Evariste, 7 : Hinschius, p. 91 ; C. 3, Q. 2, c. 4.
[2] 1. Code de Justinien, II, 10, *de errore advocatorum*.
[3] Ps. Zephyrin, c. 1 : Hinschius, p. 131 : cf. D. 38, c. 8.
[4] Texte du canon 52 d'Elvire, dans la forme sous laquelle on le trouve dans Burchard III, 199 et dans le *Décret* d'Yves, III, 251 : cf. C. 5, Q. 1, c. 3 et les notes de l'édition Friedberg.
[5] S. Ambroise sur le chap. 5 de S. Luc, vers. 5 : cf. C. 24, Q. 1, c. 7.
[6] Cf. D. 90, c. 3.
[7] S. Jérôme, lettre 15, à Damase : cf. C. 24, Q. 1, c. 25.
[8] Pélage Ier à Victor et à Pancrace : J. W, n° 994 ; cf. C. 24, Q. 1, c. 34.
[9] S. Jérôme, in epistola ad Titum, c. 3, vers. 10 et 11 : cf. C. 24, Q. 3, c. 26 et les notes de l'édition Friedberg.

36. — Augustinus[1]. Vide quantum bonum est caritatis...

IV. — *De his qui sacrificant ritu paganorum* (10 chapitres).

1. — Ex concilio Ancirano[2]. Presbiteros qui immolaverunt...
10. — Gregorius....[3]. Contra ydolorum namque cultores...

V. — *De incantatoribus* (10 chapitres).

1. — Ex concilio Ancirano[4]. Qui divinationes expetunt...
10. — Jeronimus, in epistola ad Ephesios. Sunt enim quidem demones...

VI. — *De Judeis* (9 chapitres).

1. — Gregorius Panormitano episcopo Victori...[5]. Sicut Judeis non debet esse...
9. — Ex concilio Tolletano[6]. De Judeis autem precipit sacra synodus...

VII. — *De baptismo et manus impositione* (71 chapitres).

1. — Innocentius...[7]. Nulli est aliquatenùs ambigendum (*Ms.* ambiendum)...
71. — Ambrosius. Qui in vino proxima necessitate....

VIII. — *De jejunio* (39 chapitres).

1. — Innocentius...[8]. Sabbato vero jejunandum...
39. — Gregorius VII: Ad ipsum enim prius est confugiendum...

---

[1] En réalité, S. Jérôme, *in epistola ad Galatas*, cap. 5, vers. 14 : cf. C. 1, Q. 1, c. 65.

[2] C. d'Ancyre, c. 1; version de l'*Hispana*.

[3] S. Grégoire à l'évêque Januarius, IX, 655 : cf. C. 26, Q. 5, c. 10.

[4] C. d'Ancyre, c. 43 : version de Denys.

[5] S. Grégoire à Victor de Palerme, VIII, 25.

[6] 4e concile de Tolède, c. 56 : cf. D. 45, c. 5.

[7] Texte de S. Augustin : cf. D. IV, de cons., c. 131, et *Polyc.* III, 10, 36, où le texte est, comme ici, attribué à S. Innocent.

[8] Innocent Ier à Decentius de Gubbio, c. 4; Hinschius, p. 258.

IX. — *De consuetudine* (13 chapitres).

1. — Gregorius[1]... Petistis etenim per Hylarium...
13. — Basilii...[2]. Ecclesiasticarum institutionum consuetudines...

X. — *De observatione circa mortuos* (20 chapitres).

1. — Ambrosius in libro de obitu Theodosii imperatoris. Quia alii tercium diem...[3].
28. — Augustinus in libro de cura agenda pro mortuis[4]. Fatendum est nescire quidem mortuos.....

XI. — *De conjugiis et adulteriis et consanguinitate* (123 chapitres).

1. — Ambrosius[5]. Cum initiatur conjugium, tunc......
123. — Urbanus episcopus in sancta sinodo Placentie[6]. Post susceptum vero de fonte filium...

XII. — *De diversa fornicatione* (8 chapitres).

1. — Ex concilio Anciran[7]. De his qui inrationabiliter versati sunt.....
8. — Gregorius Sabino subdiacono[8]. Quorum siquidem relatione perlatum est quia Sisinnius Regitane civitatis presbiter...

XIII. — *De varietate homicidiorum* (17 chapitres).

1. — Augustinus[9]. Periculose despiciunt (decipiunt) qui existimant...
17. — Ejusdem[10]. Homicidium lege vetitum putabatur...

---

[1] S. Grégoire, Lettres, I, 77.
[2] Cf. Sur ce texte D. 11, c. 5 et la note de l'édition Friedberg.
[3] C. 13, Q. 2, c. 24.
[4] C. 15, n° 18 : cf. C. 13, Q. 2, c. 29.
[5] S. Ambroise, *liber de virginibus*, c. 6 : cf. C. 32, Q. 2, c. 5.
[6] Fausse attribution : le fragment provient de la décrétale de Pascal II à l'évêque de Reggio : cf. C. 30, Q. 3, c. 5.
[7] C. 35 du Concile d'Ancyre, version de Denys.
[8] S. Grégoire, Lettres, X, 4.
[9] Cf. D. 1, de pœnitentia, c. 23 et les notes de l'édition Friedberg.
[10] S. Augustin, lib. XIX *contra Faustum*, c. 23 ; D. 1, *de pœnitentia*, c. 28.

XIV. — *De multimodis juramentis* (54 chapitres).

1. — [1] Pius papa. Qui compulsus a domino perjurat se sciens...
54. — [2] Augustinus in sermone decollationis sancti Johannis. Ille qui hominem provocat...

XV. — *De raptoribus et furibus et pauperum oppressoribus* (21 chapitres).

1. — Ex concilio Affricano, c. IV [3]. Eorum qui pauperes.....
21. — [4] Incestuosi, parricide, homicide.....

XVI. — *De puniendis malis vel non occidendis* (6 chapitres).

1. — Gregorius... [5]. Quid crudele Moyses aut mandavit aut fecit...
6. — Gregorius... Si mortem vel Longobardorum...

XVII. — *De tollerandis vel fugiendis vel impugnandis malis.*

1. — Augustinus super Johannem [6]. Quid ergo voluit Dominus noster Jesus Christus nisi ammonere ecclesiam.....

Les chapitres de ce titre ne se distinguent pas nettement de ceux du début du titre suivant.

XVIII. — *De persequendo vel depredando hostes ecclesie.* (Il y a en tout 36 chapitres dans les titres XVII et XVIII.)

Le dernier chapitre de ce titre est : Ambrosius in libro de officiis [7]. Qui non repellit a socio injuriam...

---

[1] Fausse attribution : cf. C. 2, Q. 5. c. 1 et la note de Friedberg.
[2] Serm. 308, (édit. des Bénéd.), n° 4 : cf. C. 2, Q. 5, c. 5.
[3] C. Carthag., 4, c. 94 : cf. D. 90, c. 8.
[4] Concile de Tours en 813, c. 41 : cf. C. 23, Q. 5, c. 22.
[5] S. Augustin, *contra Faustum*, liv. 22, c. 79 : cf. C. 23, Q. 4, c. 44.
[6] Tract. L, ad. cap. 12 : cf. C. 23, Q. 4, c. 3.
[7] *De officiis*, I, 36.

XIX. — *De penitentia* (35 chapitres).

1. — Innocentius Decentio..... [1]. De penitentibus qui sive ex gravioribus...

Après environ 135 chapitres, le titre *De pœnitentia* prend fin. Mais la collection se prolonge, sans solution de continuité, par quelques titres dont on peut seulement discerner les rubriques placées en haut des pages, à savoir :

De eo qui dicit injustum et de bono obedientie.

De his qui sacerdotes persecuntur.

De predestinatione.

De cruce et imagine.

De predestinatione et prescientia.

De recenciliatione excommunicatorum.

De accusatis qualiter se expurgent.

Item : De modis penitentie (f° 145 v° et 146).

Puis on n'a même plus pris le soin de transcrire les rubriques au haut des pages. Les fragments qui occupent les six derniers feuillets du manuscrit (il en compte 151) sont insérés sans ordre. On y rencontre pêle-mêle des chapitres relatifs aux ordinations, aux devoirs des clercs, aux dîmes et à la pénitence. Ces fragments insérés ainsi pour former un supplément peu ordonné, sont extraits des Pères, des décrétales vraies ou fausses, des conciles orientaux, africains, espagnols, gallo-romains, et aussi des conciles de l'Empire franc (Aix-la-Chapelle, Mayence, Tribur, Worms, etc.). Les deux derniers fragments sont :

Ex libro ordinis Romani : Ut archidiaconus post episcopum sciat se vicarium ejus...

Ex concil. Tolletano : Officium vero archidiaconi... officia agere debeat.

Le manuscrit de Pistoie contient aussi, après le troisième livre, des additions qui, à en juger par les notes de M. Chiappelli, sont

---

[1] Innocent Ier à Decentius de Gubbio, c. 7 : Hinschius, p. 258 : cf. D. 3, de cons., c. 17.

plus considérables que celles du manuscrit du Vatican, quoique présentant avec elles de nombreuses analogies. D'après les indications de M. Chiappelli, on peut reconnaître au début de cet appendice du manuscrit de Pistoie, le texte, apparenté aux *Dictatus Pape*, qui a été étudié par M. S. Löwenfeld, d'après le manuscrit 146 d'Avranches; au moins l'*incipit* et le *desinit* sont de tous points identiques à ceux d'Avranches[1]. Cette constatation n'est pas sans intérêt, car le manuscrit de Pistoie ne pouvant être postérieur à 1124 ou 1125, il en résulte que la version particulière des *Dictatus Pape*, qui y est contenue, date elle-même au plus tard du premier quart du XIIe siècle. Ainsi se trouve écartée l'hypothèse de M. Löwenfeld, qui croyait plus vraisemblable d'assigner à ce document, comme date, la seconde moitié du XIIe siècle[2]. Je dois ajouter que ni le texte dont il vient d'être question, ni le concile de Latran de 1123, dont le supplément de Pistoie contient plusieurs décrets, ne se retrouvent dans le manuscrit du Vatican[3].

Sans m'occuper davantage des suppléments ajoutés assez arbitrairement à notre collection (ce fut le sort de tous les recueils contemporains), je consacrerai mon attention à la collection elle-même.

CHAPITRE II. — ANALYSE DE QUELQUES TITRES.

Les indications précédentes sont destinées à donner une idée de l'ensemble des matières traitées dans la collection en trois livres. Voici maintenant le détail de la composition de quelques-uns des titres. J'ai choisi, pour servir de types, les titres suivants :

---

[1] Incipit : hæ sunt propriæ auctoritates Apostolice sedis..... Desinit : Solus in Pascha cum episcopis et clericis sacris paratis recumbendo comedit. Cf. Löwenfeld, *Neues Archiv.*, t. XVI, pp. 198-202. Je crois utile de mentionner que le même texte se trouve à la fin d'un manuscrit de S. Marc de Venise, Append. : Lat., Class. IV, cod. XLVIII. Ce manuscrit, où sont contenues les Fausses Décrétales, est une copie, faite au XVe siècle, d'un original du XIe-XIIe siècle.

[2] Il ne faut donc pas songer, comme l'a fait M. Löwenfeld, à voir le pape Adrien IV dans l'Adrien cité par ce document.

[3] M. Chiappelli signale en outre parmi les fragments du supplément de Pistoie la décrétale *Vigilantia universalis* de Nicolas II : Jaffé-Wattenbach, n° 4405.

Livre I, titre I : De primatu Romane ecclesie. — II : De paritate fidei Romane ecclesie. — III : De principatu Pape. — IV. De ordinatione Romani Pontificis. — XII : De appellanda sede Apostolica. — XIII : Nullum ordinandum vel dampnandum sine auctoritate Pape. — XVIII : De ordinatione Romane Ecclesie.

Livre II, titre I : De prælatorum electione. — II : De ordinatione archiepiscoporum et episcoporum. — III : De ordinatione sacerdotum et levitarum. — IV : De reordinatione. — IX : De simoniaca heresi.

Livre III, titre XI : De conjugiis et adulteriis et consanguinitate.

Je mentionnerai sommairement l'origine de chacun des chapitres contenus dans ces titres, d'après les indications du manuscrit Vatic, 3831 ; j'y joindrai l'*incipit* de chaque fragment. Par des indications ajoutées en notes, je m'efforcerai de déterminer avec plus de précision la source des divers chapitres, et l'emploi qui en a été fait par les auteurs de collections antérieures à celle qui m'occupe. Il eût été désirable de renvoyer le lecteur à toutes ces collections; mais ce but n'eût pu être atteint sans surcharger outre mesure le présent mémoire. Aussi m'a-t-il paru raisonnable de citer seulement les collections dont une étude attentive m'a amené à penser qu'elles avaient fourni des matériaux à l'auteur de notre recueil. En outre, pour la plus grande commodité du lecteur, je me suis efforcé de lui donner les indications nécessaires pour retrouver les textes cités dans le *Décret* de Gratien[1].

---

[1] Je me suis aidé, pour ce travail, de notes recueillies dans les manuscrits et des indications contenues soit dans la table imprimée par Augustin Theiner à la fin de ses *Disquisitiones criticæ in præcipuas canonum et decretalium collectiones* (Rome, 1836), soit dans les précieuses annotations que M. Friedberg a ajoutées aux textes de Gratien dans son édition du *Corpus juris canonici*. Je cite la collection en 74 titres d'après le mémoire que j'ai publié dans les *Mélanges de l'École de Rome*, 1894, 1er fascicule ; Anselme de Lucques d'après les manuscrits du Vatican, 1363, 1364, 6381, qui représentent le plus ancien état de cette collection ; le *Polycarpus* principalement d'après le manuscrit de la Bibliothèque nationale, Latin, 3881 ; j'ai vu aussi les manuscrits de *Polycarpus*, Vatican, 1354, Vatic., Regin., 937, Vatic., Regin., 1026. Je renvoie généralement aux *Regesta Pontificum Romanorum* de MM. Jaffé et Wattenbach (2e édition) par les initiales J. W. Je renvoie à la collection en 74 titres par cette

Livre I, titre I. — *De primatu Romane ecclesie*[1].

1. — Ex libro Deuteronomii. Si difficile et ambiguum apud te judicium...[2].

2. — De eadem re. Inacletus... : Sacrosancta Romana et apostolica Ecclesia, non ab apostolis...[3].

3. — De eadem re. Alexander episcopus omnibus orthodoxis... Relatum est ad hujus sancte et apostolice sedis...[4].

4. — De eadem re. Dionisius episcopus : Olim et ab initio tantam...[5].

5. — De eadem re. Romana Ecclesia omnibus major...[6].

6. — Damasus. Scitis, fratres carissimi, firmamentum à Domino...[7].

7. — De excellentia Romane sedis. Prima ergò sedes est celesti beneficio...[8].

8. — Pius. Christus hanc sacram apostolicam sedem...[9].

9. — De eadem re... Ex concilio Constantinopolitano : Constantinopolitane civitatis episcopum habere oportet primatus honorem post Romanum episcopum, propterea quod sit Roma nova[10].

---

abréviation : *Coll.* Quand il m'arrive de citer la collection dite *Tripartita*, c'est après avoir consulté les manuscrits de la Bibliothèque nationale, Latin, 3858, 3858 A, 3858 B et 4282. La collection *Anselmo dedicata* m'est connue par les manuscrits de Bamberg (Bibliothèque publique, P, I, 12, fol.) et de Metz (Bibliothèque publique, n° 100). Je renvoie aux décrétales apocryphes d'Isidore par le numéro des alinéas de l'édition de M. Hinschius.

[1] Titre identique : *Polycarpus*, I, 2.

[2] *Deuteronome*, XVII, 8 et 11 : cf. Ans., II, 1 ; *Coll.*, 1.

[3] Ps. Anaclet, c 30 : cf. Ans., II, 2 ; *Polyc.*, I, 2, 1 ; *Coll.*, 2 ; D. 22, c. 2.

[4] Ps. Alexandre, c. 1 : cf. Ans., II, 35 ; *Polyc.*, I, 2, 5 ; C. 11, Q. 1, c. 14.

[5] Ps. Denys, debut de la lettre 2 : cf. Ans., I, 14 ; *Polyc.*, I, 2, 5.

[6] Ps. Jules, c. 6 : cf. Ans., I, 17 ; *Polyc.*, I, 2, 6.

[7] Ps Damase, c. 8 ; cf. Ans., I, 18 ; *Polyc.*, I, 2, 11.

[8] Ps. Anaclet, c. 30 : cf. Ans., I, 66.

[9] Ps. Pie, c. 2 : cf. Ans., I, 22 ; *Polyc.*, I, 2, 4.

[10] Sur ce canon de Constantinople, cf. *Polyc.*, II, 21, 3 ; D, 22, c. 3 et la note de l'édition Friedberg.

10. — De eadem in Gelasii pap(e) : Post propheticas et apostolicas scripturas...[1].

11. — Dilectissimis fratribus universis episcopis per Antiochenam constitutis Marcellus. Rogamus vos, fratres dilectissimi, ut non aliud doceatis...[2].

12. — Damasus papa : Scitis, fratres karissimi, firmamentum à Deo...[3].

Titre II. — *De puritate fidei Romane Ecclesie*[4].

1. — Lucius...[5]. A recta ergo fide et Apostolico tramite...

2. — Quod apostolica sedes numquam hereses fovet sed destruit. Sixtus papa : Memor sum me sub illius nomine...[6].

3. — Quod condemnatus sit qui judicium apostolice sedis reprehendit. Geronimus : Hec est fides, papa beatissime...[7].

4. — De puritate Romane ecclesie : Sancta Romana ecclesia que semper immaculata fuit...

5. — Ex prima actione Calcedonensis Concilii : Pascasius, sancte et integre, catholice exposuit beate recordationis Flavianus. Si quid fidei eius exposicio cum beatissimi apostolici viri pape Romani epistola concordat. Lucensius episcopus : Quoniam sancte... quoniam...[8].

6. — Eusebius papa : In sede apostolica extrà maculam...[9].

Titre III. — *De principatu Pape*[10].

1. — Gelasius : Quamvis universe per orbem...[11].

---

[1] Gélase, début du décret *de recipiendis libris* : cf. Ans., I, 68 ; *Polyc.*, I, 2, 9 ; D, 21, c. 3.

[2] Ps. Marcellus, c 1 ; cf. Ans., I, 15 ; *Polyc.*, I, 15, 4 ; C. 24, Q. 1, c. 15.

[3] Diffère par la dernière partie du c 6 ci-dessus.

[4] Titre identique : *Polyc.*, I, 3.

[5] Ps. Lucius, c. 7 : cf. Ans., I, 35 ; *Polyc.*, I, 3, 1 ; C. 24, Q. 1, c. 9.

[6] Ps. Sixte II, c. 1 : cf. Ans., I, 36 ; *Polyc.*, I, 3, 2 ; C. 24, Q. 1, c. 10.

[7] N'est point de S. Jérôme : cf. *Polyc.*, I, 3, 5 ; C. 24, Q. 1, c. 14.

[8] Cf. Labbe-Cossart, *Concilia*, IV, 177-178.

[9] Ps. Eusèbe, c. 19 : cf. *Polyc.*, I, 3, 6 ; C. 24, Q. 1, c. 11.

[10] Titre identique : *Polyc*, I, 1.

[11] Fragment du décret *de recipiendis libris* : Hinschius, p. 635 : cf. Ans., I, 68 ; *Coll.*, 21 ; D. 21, c. 3.

2. — Quod Petrus accepit claves regni celorum. Gregorius : Si Petrus volens percussit...[1].

3. — Petrus jus ligandi Lino et Cleto non tradidit. Johannes papa omnibus episcopis : Si Petrus princeps adjutores sibi ascivit Linum et Cletum...[2].

4. — De principatu Petri et successorum ejus. Anacletus : Inter beatos Apostolos quedam fuit discretio...[3].

5. — Ambrosius in sermone LXX : Beati Petrus et Paulus eminent...[4].

6. — Leo episcopus Dioscoro episcopo Alexandrino salutem. Cum beatissimus Petrus Apostolus à Domino accepit principatum...[5].

7. — Ex epistola Anacleti pape. In novo Testamento post Christum Dominum nostrum...[6].

Titre IV. — *De ordinatione Romani Pontificis.*

1. — Simmachus papa generali residens synodo, dixit : Si quis papa superstite...[7].

2. — Ejusdem ex eadem re : Propter frequentes...

3. — Ejusdem ex eadem re : Si quod absit...

4. — Item in eodem. Propter occultas fraudes...

5. — Victor Honorius inclitus... semper Augustus... Benifacio pape... Scripta beatitudinis tue debita reverentia...[8].

---

[1] En réalité, S. Ambroise, *in Lucam*, c. 22, vers. 49-51 : cf. *Polyc.*, I, 1, 3 ; C. 24, Q. 1, c. 17.

[2] Ps. Jean III, Hirschius, p. 716 : cf. Ans., I, 55 ; *Polyc.*, I, 1, 2 ; *Tripartita*, I, 53, 1 ; C. 8, Q. 1, c. 1.

[3] Ps. Anaclet, c. 33 : cf. Ans., I, 7 ; *Polyc*, I, 1 ; D. 22, c. 2, § 5.

[4] Attribution douteuse : a été attribué à S. Augustin, à S. Ambroise, à Maxime de Turin : cf. C. 2, Q. 7, c. 37, et la note de Friedberg : cf. Ans., I. 69 et *Coll.*, n° 23.

[5] Lettre de S. Léon, 9, de l'édition Ballerini : cf. Ans., I, 31 et C. 24, Q. 1, c. 16.

[6] Ps. Anaclet, c. 24 : cf. *Anselmo dedicata*, I, 2 ; Burchard I, 1 ; Ans., I, 1 ; D. 21, c. 2.

[7] *Polyc.*, titre IV : *De electione et ordinatione Romani Pontificis.* Ce chapitre et les trois suivants paraissent provenir de *Coll.*, 174 à 177. On retrouve le n° 2 dans Ans., VI, 1 ; les n°s 2, 3 et 4 dans *Polyc.*, I, 4, 1 à 3.

[8] Cf. Maassen, *Geschichte der Quellen*, I, p. 319, n° 36. Cette lettre est dans l'*Hispana* et la collection de Décrétales de Denys.

6. — Ut nullus fiat Rome presul nisi ex cardinalibus. Ex concilio Stephani pape, sub anathematis interdicto : Nullus umquam laicorum neque ex alio ordine presumat. . . [1].

7. — Ex eodem, actione tercia : Oportebat ut hec sacrosancta domina nostra Romana ecclesia..... [2].

8. — Ex eodem in actione III. Si quis ex episcopis vel monachis vel laicis. . . [3].

9. — Ut non resistatur electo Romano pontifici. Ex concili Leonis IV. Si quis ex sacerdotibus. . . [4].

10. — Ut papa non eligatur nisi IIIa die post obitum antecessoris. Bonifacius, natione Romanus, fecit constitutum. . . [5].

11. — Quod non vocetur apostolus qui intronizatur si non electus. Nicholaus papa minor : Si quis pecunia vel gratia humana... [6].

12. — Cyprianus. Cum factus Cornelius episcopus. . . [7].

13. — Vitalianus, natione Signensis, direxit responsales suos cum sinodica. . . [8].

14. — Agatho, natione Siculus, cujus legatione fungens Johannes episcopus. . . [9].

15. — Ex constitutibus imperatorum primi Octonis et primi Heinrici in electione Romanorum Pontificum : Ne quis liber neque servus ad hoc. . . [10].

---

[1] Il s'agit du concile tenu au Latran par le pape Étienne III ; cf. *Liber Pontificalis*, éd. Duchesne, I, p. 476. Ce chapitre se trouve avec une rubrique différente dans Ans., VI, 25. Il est précédé d'un petit préambule dans Deusdedit, *Collectio canonum*, I, c. 206 ; et c'est sous cette forme qu'il se retrouve dans *Polyc.*, I, 4, 6. Il est sans le préambule dans D. 79, c. 4.

[2] Même concile d'Étienne III : cf. *Polyc.*, I, 4, 7 ; Deusdedit, II, C. 131 et D. 79, c. 3.

[3] Cf. D. 79, c. 5.

[4] Cf. D. 79, c. 6. Attribution douteuse à Léon IV, qui a passé dans le *Décret* de Gratien.

[5] *Liber Pontificalis*, éd. Duchesne, I, p. 316 : cf. Ans., VI, 12.

[6] Nicolas II au concile de 1059 : cf. Ans., VI, 13 ; *Polyc.*, I, 4, 4 ; D. 79, c. 9.

[7] Fragment d'une lettre de S. Cyprien : cf. Ans., VI, 68 ; *Polyc.*, VII, 4, 8 ; C. 7, Q. 1, c. 5 et les références.

[8] Début de la biographie de Vitalien : *Liber Pontificalis*, I, p. 543.

[9] *Liber Pontificalis*, I, p. 354, et D. 79, c. 21.

[10] *Monumenta Germaniæ, Legum sectio IVa, Constitutiones et Acta publica*, I, p. 26 ; cf. Th. von Sickel, *das Privilegium Otto I*, p. 59, note 2 Voir ce texte dans Ans., VI, 32, et Gratien, D. 63, c. 32.

TITRE XII. — *De appellanda Sede Apostolica*[1].

C. 1. — Fabianus..... Si in rebus secularibus...[2].

C. 2. — Appellans apostolicam sedem a nullo alio judicetur. Gregorius servus servorum Dei omnibus episcopis... Divinis preceptis et apostolicis saluberrimis incitamur monitis... Et quia cunctarum divina dispensatione...[3].

C. 3. — De eadem re. Sixtus... In hoc sancta sede dudum a multis episcopis...[4].

C. 4. — De eadem re. Quotiens episcopi se a suis conprovincialibus...[5].

C. 5. — Ut episcopi appellent ad primates, si necesse est. Anacletus. Provincie autem multo ante Christi adventum...[6].

C. 6. — Imper. Valentinus (*sic* pour Valentinianus) et Valens Aug. ad Julianum comitem Orientis : Si clericus autem diffinitivam sententiam...[7].

C. 7. — Johannis pape in concilio apud Ravennam habito residente Lamberto imperatore, cap. XIII : Ut omnis decimatio...[8].

C. 8. — Idem. cap. XIIII : Si qui sanctorum patrum regulas contempserit...[9].

TITRE XVIII. — *De ordinatione Romane ecclesie et de subreptione Romani Pontificis.*

1. — Leo... Evangelia autem, sicut mandastis, transmisimus...

---

[1] Même rubrique; *Polyc.*, I, 8.

[2] Ps. Fabien, c. 15 : cf. Ans. II, 10; *Coll.*, 5; *Polyc.*, I, 8, 3.

[3] Fragment de la fausse lettre de Grégoire IV à Aldric du Mans, J. W., n° 2579 : cf. Ans., VI, 17; *Polyc.*, même titre, c. 8; *Coll*, 13.

[4] Ps. Sixte : cf. Ans., II, 11; *Polyc.*, même titre, 1.

[5] Ps. Félix II, c. 20 : cf. Ans., II, 59; *Coll.*, 88.

[6] Ps. Anaclet, c. 26. Même *initium* dans D. 99, c. 1 (Voir l'édition Friedberg).

[7] 2, *Code*, I, 4 : cf. Ans., II, 3. N'est point dans *Polycarpus*; Cf. Hüffer, *Beiträge*... pp. 90 et ss.

[8] Concile anonyme, c. 9; Labbe-Coleti, *Concilia*, XI, 706.

[9] Concile de Ravenne, de 904, c 1; *Ibid.*, 707.

2. — Gregorius..... Vestra fraternitas petiit ut sibi episcopatum in ecclesia...

3. — Innocentius..... Veniam nunc ad maximum...[1].

De legibus.

4. Imperatores Theod. et Val. Aug. ad senatum : Rescripta contra jus elicita...[2].

5. — Pro eadem re[3]. Item Constantinus imperator ad populum : Nec dampnosa fisco...

6. — De eadem re. Imper. Diocletianus et Max. AA. et CC. Statio: Prescriptione mendaciorum opposita...[4].

7. — Imperator Constantinus C. A. ad Bassum : Puniri jubemus...[5].

8. — Idem C. A. ad Pompeianum consularem Campanie. Etsi non cognitio sed executio...[6].

9. — Imper. Theodos. et Val. CC. AA. ad senatum : Etsi legibus consentaneis...[7].

10. — Imper. Dioclet. et Max. CC. AA. Crispino presidi provincie Fenicie. Sanctimus ut autemptica ipsa...[8].

11. Imper. Valent. et Theodos. et Arcad. ad Vincentium prefectum pretor. Antiochie : Sacrilegii instar...[9].

---

[1] Innocent Ier aux évêques de Macédoine : cf. *Polyc.*, V, 7, 1 et C. 35, Q. 9, c. 5.

[2] 7, *Code de Justinien*, I, 19 : cf. C. 25, Q. 2, c. 15.

[3] 3, *Code*, I, 19 : cf. C. 25, Q. 2, c. 14. Avec cette constitution finit le livre I dans le manuscrit de Pistoie : cf. Chiappelli, *op. cit.*, p. 248.

[4] 2, *Code*, I, 22.

[5] 3, *Code*, I, 22.

[6] 4, *Code*, I, 22.

[7] 5, *Code*, I, 22.

[8] 3, *Code*, I, 23.

[9] 5, *Code*, I, 23.

Livre II, Titre I. — *De prelatorum electione.*

1. — Innocentius Aurelio Carthag.: Miserum est eum fieri magistrum...[1].

2. — De prelatis indignis. Cœlestinus: Nulli sacerdotum liceat...[2].

3. — De eadem re: Ejusdem: Nullus invitis detur episcopus...[3].

4. — Ut laici non eligantur. Ejusdem: Quid proderit per singula stipendia...[4].

5. — Quod (*sic*) non sint benedicendi episcopi. Leo... Rustico. Nulla sinit ratio ut inter...[5].

6. — De electione. Leo Anastasio Thelanicensi (*sic* pour *Thessalonicensi*) episcopo. In civitatibus quarum rectores...[6].

7. — Ejusdem: Cum de summi sacerdotis electione...[7].

8. — Quod (*sic*) non sint benedicendi episcopi. Leo episcopis omnibus: Principatus quem aut seditio...[8].

9. — Ejusdem: Statuimus ne in aliquo apostolica et canonica decreta violentur...[9].

10. — De eadem re. Hormisda... In sacerdotibus eligendis vel ordinandis...[10].

---

[1] Innocent Ier à Aurelius: Hinschius, p. 546; cf. Ans., VI, 29; *Polycarpus*, II, 1, 1; *Coll.*, 111; D. 61, c. 4.

[2] Célestin Ier aux évêques de Gaule, etc., c. 1: Hinschius, p. 560; cf. Ans., VII, 110; *Polyc.*, IV, 4, 2; *Coll.*, 112; D. 38, c. 4.

[3] Autre décrétale de Célestin Ier aux évêques de Gaule, c. 5: Hinschius, p. 561; cf. Ans., VI, 21; *Polyc.*, IV, 4, 7; *Coll.*, 113; D. 61, c. 13.

[4] Le même aux évêques de Pouille et Calabre, c. 2: Hinschius, p. 561; cf. Ans., VII, 30; *Polyc.*, II, 1, 8; *Coll.*, 114; D. 61, c. 7.

[5] S. Léon à Rusticus de Narbonne, c. 2: Hinschius, p. 617; cf. Ans., VI, 68; *Polyc.*, II, 1, 3; *Coll.*, 117; D. 62, c. 1.

[6] S. Léon à Anastase de Thessalonique; c. 2: Hinschius, p. 619; cf. Ans., VI, 15; *Polyc.*, II, 1, 4; *Coll.*, 118.

[7] Même lettre, c. 4, *ibid.*; cf. Ans., VI, 16; *Polyc.*, II, 1, 5; *Coll.* 119.

[8] Ps. Léon aux évêques Africains: Hinschius, p. 622; cf. Ans., VI, 17; *Polyc.*, II, 1, 6; *Coll.*, 120; C 1, Q. 1, c. 25.

[9] *Ibid.*; Hinschius, p. 623: cf. Ans., VI, 131; *Polyc.*, II, 1, 10; *Coll.*, 122; D. 61, c. 8.

[10] Lettre aux évêques d'Espagne, c. 1 abrégé: cf. Hinschius, p. 590: cf. Ans., VI, 19; *Polyc.*, III, 1, 11; *Coll.*, 124; D. 61, c. 2.

11. — De populo non sequendum (*sic*). Celestinus... : Docendus est populus, non consequendus... [1].

12. — Ut quilibet ex concilio per pecuniam non ordinetur. Ex concilio Chalcedonensi. Si quis episcoporum accepta pecunia... [2].

13. — Gelasius : Quos vero constiterit indignos meritis... [3].

14. — Ut ex laicis sacerdotes subito non ordinentur. Gregorius papa Brunichilde... Sacerdotale officium vestris in partibus... [4].

15. — De eadem re. Ejusdem : Sicut neophitus dicebatur [5].

16. — Ut sacri ordines per pretium non conferantur. Gregorius Siagrio episcopo Augustodunensi : Nuntio apud vos olim discurrente... [6].

17. — Non est putanda elemosina que fit ex inlicitis rebus. Gregorius : Omnino metuenda et cavenda est antiqui hostis astutia... [7].

18. — De eadem re. Gregorius supradicto episcopo : Fraternitatem tuam auctore Deo... [8].

19. — De eadem re. Gregorius Victori episcopo : Quisquis ad hoc facinus... [9].

20. — Gregorius in Evangeliorum tractatibus : Sunt nonnulli qui quidem nummorum premia ex ordinatione non accipiunt... [10].

---

[1] S. Célestin aux évêques de Pouille et Calabre, c. 3 : Hinschius, p. 561 ; cf. Deusdedit, IV, 38 ; *Polyc.*, VI, 1, 8 ; Burchard, XV, 13 ; *Décret* d'Yves, XVI, 14, D. 62, c. 3.

[2] C. Chalcédoine, version de l'*Hispana*, c. 2 : cf. *Décret* d'Yves, V, 118 ; *Panormia*, III, 119 (version dionysienne dans C. 1, Q. 1, c. 8 et dans Ans., VI, 8).

[3] Gélase aux évêques de Lucanie, c 26, *in fine* : Hinschius, p. 653 ; cf. Burchard, I, 22 ; *Décret* d'Yves, V, 76 ; C. 1, Q. 1, c. 6. L'*Anselmo dedicata*, II, 15, donne le chapitre entier dont ce fragment est la fin.

[4] S. Grégoire à Brunehaut, IX, 109 : cf. Ans., VI, 70 ; *Polyc.*, II, 1, 14 ; *Coll.*, 125 ; D. 61, c. 1.

[5] S. Grégoire à Siagrius et autres, IX, 106 : cf. Ans., VI, 36 ; *Polyc.*, II, 1, 28 ; *Coll.*, 130 ; D. 48, c. 2.

[6] Même lettre ; Ans., VI, 72 ; *Polyc.*, II, 1, 16 ; *Coll.*, 127.

[7] Même lettre : cf. Ans., V, 31 ; *Polyc.*, II, 1, 26 ; *Coll.*, 128 ; C. 1, Q. 1, c. 27.

[8] Même lettre : cf. Ans., VI, 74 ; *Polyc.*, II, 1, 16 ; *Coll.*, 131.

[9] S. Grégoire à l'évêque Victor, vers la fin, XII, 29 : cf. Ans., VI, 77 ; *Polyc.*, II, 1, 17 ; *Coll.*, 132.

[10] Homélie de S. Grégoire, I, 4 : cf. Ans., VI, 75 ; *Coll.*, 133 ; C. 1, Q. 1, c. 114.

21. — Gregorius Johanni Corinthiorum episcopo : Novit fraternitas tua quià prius pallium...[1].

22. — De eadem re. Grègorius generali sinodo presidens dixit : Antiquam patrum regulam sequens, nulli umquam de ordinationibus aliquid...[2].

23. — Simmachus Cesario : Si quis autem episcopatum desiderat...[3].

24. — Gregorius, in registro : Commonemus et fraternitatem tuam, ut nullum de altera eligi...[4].

25. — De purgatione ordinandi episcopi. Ex concilio Affricano : Statuendum est ut quando ad eligendum episcopum :[5].

26. — Ex concilio Laodicensi, c. XIII; Ut judicio metropolitanorum...[6].

27. — Ex concilio Bragarensi. Non licet populo electionem facere...[7].

28. — Leo primus episcopis per provinciam Sequanorum et Viennensium : Vota civium, testimonia populorum...[8].

29. — Clemens... : Tales ad ministerium clerici eligantur...[9].

30. — Leo... episcopis per Cesariensem Mauritaniam... Merito beatorum patrum...[10].

31. — Simmachus... Cesario : Nullus itaque per ambitum...[11].

---

[1] S. Grégoire à Jean, évêque de Corinthe, vers la fin, VI, 57 : cf. Ans., VI, 82; *Polyc.*, II, 1, 18; *Coll.*, 134; D. 100, c. 3.

[2] Concile Romain de 595, sous S. Grégoire, c. 5 : cf. Ans., VI, 83; *Polyc.*, II, 1, 19; *Coll.*, 135; C. I, Q. 2, c. 3 et 4.

[3] Extrait fait d'après la lettre de Symmaque à Césaire, c. 5 : Hinschius, p. 657; cf. C. 1, Q. 6, c. 1. Le chapitre dont ce fragment est extrait se trouve plus complet, avec un autre début, dans Ans., VI, 69 *(nullus per ambitum)* et *Polyc.*, II, 1, 35.

[4] S. Grégoire, Lettres, II, 25.

[5] 3e Concile de Carthage, c. 40 : cf. Ans., VI, 55; *Polyc.*, II, 7, chap. unique; Burchard, I, 6; D. 23, c. 5.

[6] Canon de Laodicée, version Dionysienne : cf. Burchard, I, 9; *Décret* d'Yves, V, 63 et D. 24, c. 4.

[7] Capitula Martini Bracarensis, c. 1 : cf. Ans., VI, 8.

[8] S. Léon : ép. 10, c. 4 : cf. Ans. VI, 12; D. 63, c. 27.

[9] Ps. Clément, c. 46; *Polyc.*, IV, 31; D. 23, c. 4.

[10] S. Léon, lettre 12 : cf. *Polyc.*, II, 1, 39; *Décret* d'Yves, fin de V, 105.

[11] Chapitre dont est extrait le fragment 23 : voir ce qui a été dit plus haut.

32. — Hylarus papa : Prospiciendum est ne duo[1].

33. — Gregorius : Hoc ad nos pervenisse... [2].

34. — Gregorius : Nec nocivum nec reprehensibile... [3].

35. — Gregorius : Specialiter enim et etiam absolute...

36. — Ex epistola Augustini ad Jeronimum : Sanctus Augustinus exponens sententiam sancti Jacobi...

37. — Ex registro Gregorii pape : Si quis neque sanctis pollens moribus... [4].

38. — Adrianus papa universali octave synodo presidens, dixit : Promotiones et consecrationes... [5].

39. — Ex historia tripartita : Valentinianus imperator veniens... [6].

40. — Leo papa. Miramur tantum apud vos... [7].

41. — Alexander papa : Apostolica vobis auctoritate precipimus... [8].

42. — Urbanus papa IIus : Presbiterorum filios... [9].

43. — Stefanus papa Romano episcopo Ravennati : Sacerdotium quippe... [10].

44. — Sans *inscriptio* : Nullus clericus nisi probatus...

---

[1] Hilaire à Ascanius, c. 4, *in fine* : Hinschius, p. 631.

[2] S. Grégoire à Siagrius d'Autun, IX, 106 : cf. Ans., VI, 27 ; *Polyc.*, II, 1, 27 ; *Coll.*, 129 ; D. 59, c. 3.

[3] S. Grégoire aux Napolitains, X, 62 : cf. Ans., VI, 9 ; *Polyc.*, II, 1, 24 ; C. 8, Q. 1, c. 17.

[4] *Caput incertum* : ne se trouve que dans C. 1, Q. 1, c. 115 qui pourrait bien l'avoir pris dans notre collection.

[5] 8e Concile général : cf. Ans., VI, 20 ; *Polyc.*, II, 1, 31 ; Deusdedit, IV, 16, D. 63, c. 2.

[6] Livre VII, c. 8 : cf. D. 63, c. 3.

[7] S. Léon, lettre 12 : cf. *Collectio Tripartita*, I, S. Léon, c. 34 ; *Décret* d'Yves, V, 105, et D. 61, c. 5.

[8] Alexandre II ; J. W., n° 4611 : cf. D. 56, c. 52. Je n'en ai pas vu de fragments dans les plus anciens manuscrits d'Anselme de Lucques que j'ai consultés.

[9] Sur ce texte d'Urbain II : cf. D. 56, c. 1 et les notes de Friedberg ; cf. aussi *Décret* d'Yves, VI, 410, et *Tripartita*, III, 11, 42. Je ne retrouve pas ce texte dans la forme ancienne d'Anselme de Lucques ; il a été sans doute introduit après coup dans cette collection.

[10] Fin d'une lettre d'Étienne V, dont le texte se trouve plus complet dans Ans., VI, 31 et D. 63, c. 12.

45. — Ex epistola Pauli ad Timotheum I[a] : Fidelis sermo : Si quis episcopatum desiderat... [1].

46. — Gregorius in registro : In scriptis vestris vos magnopere requiem... [2].

47. — (Sans *inscriptio*) : Oportet eum qui docet et instruit animas... [3].

48. — Ejusdem (*sic*) : Clemens, tanquam omnibus preesse... [4].

49. — Jeronimus : Qui vos spernit, me spernit : Ex quo... [5].

50. — Ex concilio Carthaginensi : Qui episcopus ordinandus est... [6].

51. — Gelasii pape. Consuluit dilectio tua de singulorum suorum promotione clericorum... [7].

52. — Jeronimus in Levitico : Licet ergo Dominus de constituendo principe precepisset et Dominus elegisset, tamen convocatur et synagoga... [8].

53. Ex libro Numeri. — Si ergo tantus ille (ac talis). Moyses non permittit...

54. — Jeronimus : Illud inferendum adversus eos qui de episcopatu intumescunt... [9].

55. — Ejusdem : Qualis enim edificatio... [10].

---

[1] 1re épitre à Timothée, c. III, vers. 1.

[2] Lettres de S. Grégoire, VI, 4 : cf. *Collectio Tripartita*, I, S. Grégoire, 44 ; *Décret* d'Yves, V, 350 ; C. 8, Q. 1, c. 9.

[3] Ps. Clément, c. 13 : cf. C. 8, Q. 1, c. 12.

[4] Ps. Clément, c. 15 : cf. C. 8, Q. 1, c. 13.

[5] S. Jérôme, sur l'épitre *ad Titum*, c. 1 : cf. C. 8, Q. 1, c. 14. Il est probable que notre collection a fourni à Gratien cette série de trois chapitres.

[6] C. 1 des *Statuta ecclesie antiqua*, qui se trouve dans diverses collections et notamment dans *Polyc.*, II, 8, 5, et dans D. 23, c. 32.

[7] Gélase Ier à l'évêque Victor : J. W, 668 : cf. Ans., VII, 92 ; *Polyc.*, II, 31, 27 ; D. 74, c. 9.

[8] Tiré de l'homélie 6 d'Origène sur le Lévitique, traduction de Rufin, c. 6, (Friedberg) : cf. C. 8, Q. 1, c. 15.

[9] S. Jérome, sur l'épitre *ad Titum*, c. 1, vers. 6 ; cf. C. 8, Q. 1, c. 20.

[10] Même source, C. 2, vers. 15 : cf. C. 8, Q. 1, c. 21.

Titre II. — *De ordinatione archiepiscoporum et episcoporum* [1].

1. — Anacletus : Ordinationes episcoporum auctoritate apostolica... [2].

2. — Anicius : Si archiepiscopus diem obierit... [3].

3. — De eadem re. Innocentius papa Victrici Rotomagensi episcopo. Extra consicenciam metropolitani episcopi [4]...

4. — Ex Niceno concilio : Episcopum oportet ab omnibus episcopis... [5].

5. — Ex concilio Chalcedonensi : Quoniam quidam metropolitanorum... [6].

6. — Ex concilio Sardicensi : Licentia vero danda... [7].

7. — Leo.. : Illud sane quod ad sacerdotalem... [8].

8. — Ex concilio Antiocheno : Si quis episcopus ordinatus ad parrochiam... [9].

9. — Ex eodem : Si qui episcopi ordinati sunt nec recepti... [10].

10. — Ex eodem : Si quis episcopus per manus impositionem... [11].

---

[1] *Polyc.*, II, 8 : *De ordinatione episcoporum, archiepiscoporum vel metropolitanorum.*

[2] Ps. Anaclet, c. 17 : cf. Ans., VI, 47 ; *Polyc.*, II, 8, 1 ; *Coll.*, 160 ; D. 75, c. 1.

[3] Ps. Anicet, c. 17 : cf. Ans., VI, 34 ; *Polyc.*, II, 8, 2 ; *Coll.*, 161 ; D. 64, c. 1.

[4] Innocent Ier à Victricius de Rouen, c. 1 ; Hinschius, p. 529 ; cf. *Coll.*, 162 ; Ans., VI, 50 ; *Polyc.*, II, 8, 3 ; D. 64, c. 5.

[5] Nicée, c. 4 : texte de l'*Hispana*. Ce canon, dans le texte de l'*Hispana*, se retrouve dans *Collectio Tripartita*, II, 1, 4 ; et *Décret* d'Yves, v. 117. Anselme (VI, 48) et Gratien (D. 64, c. 1) le donnent dans le texte de Denys.

[6] Chalcédoine, c. 25 : cf. Anselme, VI, 84 (sous le nom de Damase), *Polyc.*, II, 10, 1 (sous le même nom); Burchard, I, 25 (sous le même nom) : cf. D. 100, c. 1.

[7] Sardique, c. 6, version de Denys : cf. *Polyc.*, II, 23, 2, ; Burchard, I, 31 ; *Décret*, V, 143.

[8] S. Léon : cf. *Polyc.*, II, 23, 1 ; Burchard, I, 32 ; D. 80, c. 4.

[9] Antioche, c. 18, version de Denys : cf. Ans., VI, 41 : *Polyc.*, II, 13, 2 ; D. 92, c. 5.

[10] Ancyre, c. 17 ; version de Denys : cf. *Polyc.*, II, 13, 3 ; D. 92, c. 6.

[11] Antioche, c. 17, version de Denys : Ans., VI, 199 ; *Polyc.*, II, 12, 1 ; D. 92, c. 7.

11. — Ex eodem : Si quis episcopus vacans...[1].

12. — Gregorius Siagrio... Episcopos secundum ordinationis sue...[2].

13. — Ex Niceno concilio. Per omnia autem manifestum est quod si quis preter voluntatem et conscientiam metropolitani episcopi erit ordinatus, hoc concilium magnum et sanctum....

14. — Ex concilio Sardicensi[3] : Si contigerit in una provincia...

15. — Leo... Athanasio Thessalonicensi...[4]. De persona autem consecrandi episcopum...

16. — Ex concilio Carthaginensi[5]. Numidius episcopus Masulitanus dixit : Aliqui episcopi usurpatione...

17. — Gregorius junior Bonifatio[6]. Precipimus ut juxta canonum statuta. (*Ms.* ea statuta.)

18. — Horsmidas[7]. Quia sicut caput est ecclesie...

19. — Constantinus natione Syrus, ordinavit Felicem archiepiscopum Ravennatem...[8].

TITRE III

De ordinatione sacerdotum et levitarum.

1. — Anacletus...[9]. Presbiteri ad qualemcumque locum...

2. — Sepherinus *(sic)*...[10]. Ordinationes presbiterorum et levitarum congruo tempore...

---

[1] Antioche, c. 16, version de Denys : Burchard, I, 89, *Décret* d'Yves, V, 150 ; D. 92, c. 8.

[2] Lettre de S. Grégoire, IX, 108 : cf. Ans., VI, 126 ; D. 17, c. 7.

[3] C. Sardique, 13 : cf. Burchard, I, 79 ; *Décret*, V, 137.

[4] Lettre de S. Léon, 14, c. 6 ; *Décret* d'Yves, V, 348 ; D. 65, c. 4.

[5] 2e Concile de Carthage, c. 12.

[6] Grégoire III à S. Boniface : cf. Jaffé, *Monumenta Maguntina*, p. 92 : C. 16, Q. 1, c. 53.

[7] Horsmidas aux évêques d'Espagne, c. 1 : Hinschius, p. 690.

[8] *Liber Pontificalis*, éd. Duchesne, t. I, p. 389 ; cf. Ans., II, 74.

[9] Ps. Anaclet, c. 28 : Hinschius, p. 82 ; cf. Ans., VII, 96 ; *Polyc.*, II, 34, 1, *Coll.*, 163.

[10] Ps. Zéphyrin, c. 14 : Hinschius, p. 135 ; cf. Ans., VII, 38 ; *Polyc.*, II, 28, 1 ; *Coll.*, 164 ; D. 75, c. 3.

3. — Leo...[1], Quod à patribus propensiore cura...

4. — Gelasius...[2]. Ordinationes presbiterorum et diaconorum nisi certis... *finit à ces mots :* noverint celebrandas.

5. — Gelasius episcopo Grumentino[3]. Litteras caritatis tue suscepimus quibus significas...

6. — Gelasius...[4]. Ordinationes etiam, presbiterorum diaconorumque nisi certis diebus... *finit à ces mots :* fuerint ordinati : (Ainsi le chap. 6 contient une phrase de plus que le chap. 3).

TITRE IV

De reordinatione[5].

1. — Damasus...[6]. Per illicitam manus ordinationem....

2. — Gregorius...[7] : Sicut bapticatus semel bapticari iterum....

3. — Sans *inscriptio*[8]. Presbiteri si quos repperisti...

4. — Ex concilio Tolletano IIII[9] : Episcopus, presbyter aut diaconus si à gradu suo injuste dejectus...

5. — Julius...[10] : De receptione sedis vero et sacerdotii...

---

[1] S. Léon à Dioscore d'Alexandrie, début du c. 2 : Hinschius, p. 626 ; cf. Ans., VII, 39 ; *Polyc.*, II, 28, 2 ; *Coll.*, 165 ; D. 75, c. 4.

[2] Decrétale du pape Gélase, c. 13 : Hinschius, p. 652 ; cf. Ans., VII, 40 ; *Polyc.*, II, 28, 3 ; *Coll.*, 166 ; D. 75, c. 7.

[3] Pelage Ier : cf. J. W, n° 1015 ; Ans., VI, 54 (Pelagius) ; *Polyc.*, II, 28, 5 (Gelasius) ; D. 63, c. 14. Notre collection a manifestement suivi *Polycarpus* et non Anselme.

[4] Cf. chap. 4 ci-dessus.

[5] Même rubrique ; *Polyc.*, II, 35.

[6] Ps. Damase, *de chorepiscopis* ; Hinschius, p. 514 : cf. *Polyc.*, II, 35, 1 et C. 1, Q. 7, c. 25.

[7] S. Grégoire à Jean, évêque de Ravenne, II, 46 ; cf. Ans., VII, 94 ; *Polyc.*, II, 35, 3 et D. 68, c. 1.

[8] Grégoire III à S. Boniface : J. W, 2251 ; cf. Ans., VII, 104, attribué à Gélase ; *Polyc.*, II, 35, 3 ; *Décret* d'Yves, VI, 117 ; D. 68, c. 2.

[9] Ce chapitre et le suivant forment dans le livre II de *Polycarpus* le titre *de restituendis depositis* ; 4° Concile de Tolède, 4 : cf. Ans., VIII, 27 ; *Polyc.*, II, 36, 1, avec cette attribution ; d'autres collections donnent une attribution différente ; cf. C. 11, Q. 3, c. 65.

[10] Ps. Jules, c. 13 : cf. *Polyc.*, II, 36, 2.

6. — Ex concilio Spalensi II[1] : Episcopus enim sacerdotibus ac ministris....

TITRE IX

De simoniaca heresi.

1. — Ambrosius[2] : Accepisti pecuniam...
2. — Ejusdem[3] : Convenior ipse à comitibus...
3. — Ejusdem : Mandatur tradere...
4. — Ejusdem : Quid igitur turbamini...
5. — Ejusdem : Allegatur imperatori...
6. — Ejusdem : Nabuthe sanctum virum....
7. — Ejusdem : Tributum est Cesaris....
8. — Ejusdem : Si de me aliquid compelleretur....
9. — In Levitico[4]. Si quis vult pontifex non tam vocabulo esse...
10. — Ex Canonibus Apostolorum[5] : Si quis episcopus secularibus potestatibus...
11. — Gregorius VII[6]. Quoniam investituras contrà statuta...
12. — Ex decreto Urbani pape qui fuit Hostiensis episcopus[7]. Ea que à sanctis patribus de simoniacis statuta sunt...
13. — Ejusdem[8]. Quicumque sine cupiditate...
14. — Ejusdem[9]. Ordinationes que ab heresiarchis...
15. — Gregorius VII[10]. Si quis episcopus prebendas...

---

[1] Extrait du 2e Concile de Séville, c. 6 ; cf. D. 67, c. 2.

[2] S. Ambroise, sur le c. 4 de S. Luc : cf. *Décret* d'Yves, V, 132.

[3] Toutes ces citations de S. Ambroise sont empruntées à Placide de Nonantula, *Liber de Honore Ecclesiæ*, voir l'édition de *Monumenta Germaniæ, Libelli de lite*, t. II, nos 143, 145, 146, 139, 141, 138. Des extraits du même auteur ont fourni la plus grande partie du présent titre.

[4] Homélie VI d'Origène sur le Lévitique : traduction de Rufin : cf. D. 36, c. 3.

[5] Can. Apost., c. 31 : cf. *Polyc.*, II, 4, 1 ; Deusdedit, IV, 17 ; C. 16, Q. 7, c. 14.

[6]. Grégoire VII, concile romain de 1078 : cf. *Polyc.*, II, 4, 5 ; Placide de Nonantula, *Liber de Honore Ecclesiæ*, n° 54 ; C. 16, Q. 7, c. 13.

[7] Urbain II au concile de Plaisance, c. 1 : cf. C. 1, Q. 3, c. 1.

[8] Concile de Plaisance, c. 5 ; cf. C. 1, Q. 5, c. 1.

[9] Concile de Plaisance, c. 9 ; cf. *Polyc.*, VII, 16, 2 ; C. 9, Q. 1, c. 5.

[10] Grégoire VII, concile romain de novembre 1078 ; cf. *Polyc.*, II, 4, 4 ; C. 1, Q. 3, c 3.

16. — Ejusdem [1]. Ordinationes que interveniente pretio...

17. — Gregorius Nazianceuus [2]. De eo qui studet donum Dei...

18. — Pascalis papa [3]. Si quis objecerit non consecrationem...

19. — Pascalis IIus [4]. Constitutiones sanctorum patrum sequentes statuimus ut quicumque clericorum ab hac hora...

20. — [5] Apostolorum canonibus institutum est ut omnium negotiorum ecclesiasticorum curam episcopus habeat et ea velut Deo contemplante, dispenset (Cán. Apostol., 39). Item in Antioceno concilio statutum est ut que sunt ecclesie sub omni sollicitudine et conscientia bona... (c. d'Antioche, 24, version de Denys). Item Stephanus martyr scribit : Laicis quamvis religiosi sint, nulli tamen de ecclesiasticis facultatibus... (Ps. Étienne I, c.; Hinschius, p. 86).

21. — [6] Sunt preterea quidam qui vel violentia vel favore...

22. — [7] Altare namque et decimas...

23. — [8] Electio vero pastoris...

24. — Ex concilio Laudicensi [9]. Ut episcopi judicio metropolitanorum...

25. — Ex epistola Urbani pape [10]. Exteriores ecclesie que ex consecratione perveniunt in suum jus...

---

[1] Grégoire VII, concile romain de novembre 1078 : cf. *Polyc.*, II, 37, 11; C. 1, Q. 1, c. 113.

[2] Passage d'attribution très douteuse, cité par Placide de Nonantula dans son *Liber de Honore Ecclesiæ* : cf. *Libelli de lite*, t. II, p. 621 et la note ; C. 1, Q. 1, c. 11.

[3] Sur ce chapitre apocryphe, qui figure dans *Polycarpus*, cf. C. 1, Q. 3, c. 7 et la note de M. Friedberg.

[4] Pascal II, c. 1 du concile de Latran, de l'année 1110 : Labbe-Cossart, édit. Coleti, t. XII (Venise, 1730), c. 1149 : cf. C. 16, Q. 7, c. 17.

[5] C. 2 du même concile.

[6] C. 4 du même concile : J. W., n° 6606 : cf. C. 1, Q. 1, C. 125.

[7] Pascal II, fragment de date inconnue ; J. W., n° 6607 : cf. C. 1, Q. 3, c. 14. Sur ce fragment et le précédent, cf. Berardi, *Gratiani canones genuini*, t. II, 2e partie, p. 467.

[8] Ce fragment est emprunté à Placide de Nonantula, *op. cit.*, p. 580.

[9] C. de Laodicée, c. 12, version de Denys, cité par Placide, à la suite du fragment précédent, p. 581.

[10] Citation faite par Placide de Nonantula d'une lettre d'Urbain II : *op. cit.*, p. 589.

26. — [1] Multi mirantur quare in antiquorum...

27. — [2] Ex con. Adriani. Non licet imperatori...

28. — [3] Considerandum vero quod et si vere...

29. — [4] Sunt autem quidam dicentes Romano pontifici semper licuisse novas condere leges. Quod et nos non solum non negamus, sed etiam valde affirmamus. Sciendum summopere est quod...

30. — [5] Ex reg. Gregorii pape : Fertur symoniaca heresis...

31. — [6] Ex reg. Gregorii pape : Hinc est etiam quod chenodochium...

32. — [7] Leo... Gratia nisi gratis accipiatur.

33. — Ex decr. Urbani[8]. Qui aliorum errorem defendit...

34. — [9] Quorum vero vices in ecclesia episcopi...

35. — [10] Beatus Petrus Alexandrinam ecclesiam fundans, Marcum... destinavit : Ermagone (*sic*) Aquilegiensi patriarche baculum pastoralem suis manibus dedit ; Apolenarem archiepiscopum Ravenne misit ; Marcialem Lemovigas mandavit. Ejus successor Clemens Dionisium Parisiorum ecclesie direxit.

36. — [11] Gregorius papa primus Mediolanenses dignum successorem S. Ambrosii eligere docuit.

---

[1] Fragment de Placide de Nonantula, *op. cit.*, p. 589.

[2] Texte apocryphe fait d'un passage de pseudo-Marcellin et d'un autre passage de pseudo-Calixte, et cité par Placide, p. 596. Voyez la note de M. Sackur, éditeur de Placide : cf. D. 10, c. 2 et la note de M. Friedberg.

[3] Fragment de Placide de Nonantula, *op. cit.*, p. 596.

[4] Fragment du même, p. 597 : a passé dans Gratien sous le nom d'Urbain II ; C. 25, Q. 1, c. 6.

[5] Texte souvent cité de S. Grégoire : Lettre aux rois des Francs, IX, 110 (édition des Bénédictins). Se trouve dans Placide, *op. cit.*, p. 615.

[6] Fragment tiré des Lettres de S. Grégoire, XIII, 8, et cité par Placide, *op. cit.*, p. 616.

[7] Citation tirée de Placide : cf. *op. cit.*, p. 616 et la note.

[8] Citation de Placide de Nonantula, *op. cit.*, p. 616, tirée par lui de la préface du cardinal Humbert contre les Simoniaques (*Libelli de lite*, t. I, p. 102). Placide l'a donnée sous le nom d'Urbain II, et elle a ainsi passé dans le *Décret* de Gratien, C. 24, Q. 3, c. 32, où M. Friedberg la donne comme *caput incertum*.

[9] Citation empruntée à Placide, *op. cit.*, p. 612.

[10] Citation empruntée au même auteur, p. 600.

[11] Suite de la citation précédente.

37. — [1] Quod tributum in ore piscis piscante Petro...

38. — [2] Ambrosius contrà Auxentium : Nec mihi à sacerdotibus...

39. — Ambrosius : Cujus est inscriptio? Et dicentibus ei quod Cesaris...

40. — Jeronimus : Reddite que sunt Cesaris Cesari, tributum, nummum...

41. — Terremotus autem in diebus Oçie regis...

Livre III, titre XI. — *De conjugiis, et adulteriis et consanguinitate.*

1. — [3] Ambrosius... Dum initiatur conjugium, tunc conjugii nomen adciscitur.

2. — [4] Evaristus. De legitimis conjugiis. Aliter legitimum non fit conjugium...

3. — [5] Leo... Qualis debeat esse uxor...

4. — [6] Ex dictis Basilii. De conjugio non solvendo causa religionis. Si quis conjugatus vult converti ad monasterium...

5. — [7] Nicholaus papa. Scripsit nobis Thieburga (*pour* Thietberga)...

6. — [8] Quod vivente uxore adultera non licet alteram ducere. Solius fornicationis causa...

7. — [9] De conjugio non solvendo. Gregorius Theotiste patricie. Sunt quidam qui dicunt...

---

[1] Cf. Placide de Nonantula, p. 625.

[2] Citation non retrouvée dans le sermon de S. Ambroise, *contra Auxentium, de trad. basilic.*

[3] S. Ambroise, *de institutione virginis*, c. 6, n° 41 ; cf. Ans., X, 1 ; *Polyc.*, VI, 4, 37 ; C. 27, Q. 2, c. 5 et 35.

[4] Ps. Évariste, c. 12 : Hinschius, p. 87 ; cf., Ans., X, 2 ; *Polyc.*, VI, 4, 1 ; *Coll.*, 271 ; C. 30, Q. 5, c. 1.

[5] Cf. Ans., X, 3 ; *Polyc.*, VI, 4, 12 ; sur la source, qui n'est pas S. Léon : cf. C. 30, Q. 5, c. 4 et la note des *Correctores*.

[6] Cf. Ans., X, 20 ; *Polyc.*, VI, 4, 40 ; C. 27, Q. 2, c. 22 et la note des *Correctores* sur les sources.

[7] Extrait de la lettre de Nicolas Ier à Charles le Chauve : J. W, n° 2872 ; cf. Ans., X, 21 ; *Polyc.*, VI, 4, 26 et C. 27, Q. 2, c. 26, 1re partie.

[8] Cf. Ans., X, 14, avec attribution à S. Augustin ; *Polyc.*, VI, 4, 31.

[9] Lettre de S. Grégoire, XI, 45 ; cf. Ans., X, 18 ; *Polyc.*, VI, 4, 18 ; *Coll.*, 273 ; C. 27, Q. 2, c. 19.

8. — [1] Ejusdem Adriano Panormitano. . . Agathosa mulier. . .

9. — [2] Innocentius Probo. . . Conturbatio procelle barbarice. . .

10. — [3] Leo Nicete. . . Cum per bellicam cladem.

11. — [4] Deusdedit Gordiano. . ., de separatione eorum qui filios suos de fonte susceperunt. Pervenit ad nos diaconus vester. . .

12. — De conjugatis non separandis si necessitate filios suos baptizaverint. Johannes papa Anselmo Lemozine ecclesie episcopo[5] : Ad limina apostolorum. . .

13. — Ut omnes abstineant se à spirituali filia patriis suis (*pour* patris sui). Zacharias episcopus Theodoro episcopo[6] : Pitacium quod nobis tua veneranda fraternitas. . .

14. — Quod nullus filiam patris sui spiritual[em] ducat uxorem. Zacharias et Deusdedit pap[e] : Non oportet filiam, quam de sacro fonte. . .[7].

15. — Gregorius. . .[8]. De his autem requisisti qui ob causam frigide nature. . .

16. — Augustinus[9]. Sicut manente in se sacramento regenerationis. . .

---

[1] Lettre de S. Grégoire, XI, 50 ; cf. Ans., X, 19 ; *Polyc.*, VI, 4, 19 ; *Coll.*, 274 ; C. 27, Q. 2, c. 21.

[2] Lettre d'Innocent Ier : cf. Hinschius, p. 544.

[3] S. Léon à Nicétas d'Aquilée ; c. 1 : Hinschius, p. 621 ; cf. Ans., X, 22 ; *Polyc.*, VI, 4, 11 ; *Coll.*, 272.

[4] Lettre apocryphe ; J. W, n° 2003 : cf. Ans., X, 28 ; *Polyc.*, VI, 4, 24 ; C. 30, Q. 1, c. 1.

[5] Jean VIII : J. W., n° 3258 ; cf. Ans., X, 29 ; *Polyc.*, VI, 4, 15 ; C. 30, Q. 1, c. 3.

[6] J. W., n° 2306 : cf. Ans., X, 26 ; *Polyc.*, VI, 4, 29 ; C. 30, Q. 3, c. 2. Sur l'authenticité de ce texte, voyez, en sens divers, Scherer, *Historisches Jahrbuch*, V, pp. 350 et 351 ; Gundlach, *Neues Archiv*, XVIII, pp. 661 et ss.

[7] Cf. Ans. X, 27, qui attribue ce chapitre au pape Zacharie seul ; le chapitre suivant, dans la collection d'Anselme de Lucques, est la lettre douteuse du pape Deusdedit à Gordien de Séville. C'est par une confusion qui peut-être procède de ce voisinage que le chapitre attribué dans Anselme à Zacharie est dans *Polycarpus* attribué à Zacharie et Deusdedit : *Zacharias et Deusdedit papa* (VI, 4, 37). C'est avec cette attribution que ce texte a passé dans Gratien, C. 30, Q. 3, c. 3 ; cf. J.-W., nos 2004 et 2303.

[8] Fragment d'origine incertaine : cf. Ans., X, 23 ; *Polyc.*, VI, 4, 17 ; C. 33, Q. 1, c. 2.

[9] S. Augustin, *de adulterinis conjugiis, ad Pollentium* II, 4 et 5 (édition des Bé-

17. — Joannes Crisostomus[1]. Omnis res per quas causas...

18. — Augustinus, in de fide et operibus[2] : Si virgo nesciens...

19. — Horsmida[3]. De uxorum numero. Nec quisquam amplius duas accipiat uxores...

20. — De numero maritorum, et quod propter amentiam non sunt solvenda conjugia. Jeronimus[4]. Ubi fuerit numerus maritorum...

21. — Nicholaus papa[5]. Si qui matrimonium sani contraxerint...

22. — Fabianus[6]. Neque furiosus neque furiosa matrimonium contrahere possunt : sed si contractum fuerit non separentur.

23. — Ut demissor vel demissa sic maneant vel reconcilientur[7]. Ex concilio Affricano. Placuit ut secundum Evangelicam et apostolicam doctrinam...

24. — Innocentius...[8]. De his autem requisivit dilectio tua qui interveniente repudio...

25. — De eadem re. Gregorius[9]. Ilii vero, qui uxores suas in adulterio deprehendunt...

26. — De illo qui uxoris infirmitati compatitur[10]. Augustinus. Secundum verba apostolica, etiam si vir continere voluisset...

---

nédictins) : cf. *Décret* d'Yves, VIII, 235; *Panormia*, VII, 5 et C. 32, Q. 7, c. 2, tous ces textes avec un début différent du nôtre.

[1] Cf. C. 37, Q. 2, c. 4, et l'indication de source : Johannes Chrysostomus, id est auctor operis imperfecti, *hom. XXXII in Matheum*.

[2] S. Augustin, *de fide et operibus*, c. 7 : cf. Ans., X, 54 (*si mulier*); C. 35, Q. 1, c. 5.

[3] Cf. Ans., X, 4; *Polyc.*, VI, 4, 15.

[4] Cf. Ans., X, 5; *Polyc.*, VI, 4, 40.

[5] Texte apocryphe : J. W., n° 2711; provient de l'interprétation des *Sententiæ Pauli*, II, 20, 4 : cf. Ans., X, 25; *Polyc.*, VI, 4, 27.

[6] Texte apocryphe provenant des *Sententiæ Pauli*, II, 20, 4 : cf. Ans., X, 25; *Polyc.*, VI, 4, 2.

[7] C. de Milève, 17 (*Hispana*) : cf. Ans., X, 15 (avec la même rubrique); *Polyc.*, VI, 4, 43; C. 32, Q. 7, c. 5.

[8] Innocent Ier à Exupère de Toulouse (*Hispana*), c. 6 : cf. Ans., X, 16; *Polyc.*, VI, 4, 4.

[9] S. Grégoire, Lettres : cf. *Polyc.*, VI, 4, 28; C. 32, Q. 7, c. 22.

[10] Texte fait de fragments de S. Augustin : cf. *Polyc.*, VI, 4, 58; C. 33, Q. 5, c. 5.

27. — Idem de terciis et de quartis et de ultrà pluralibus nuptiis[1]. Solent homines movere questionem...

28. — Cur vetet Apostolus recedi ab infidelibus conjugibus. Augustinus. Non propter vinculum cum talibus conjugale servandum...

29. — De gentili qui gentilem dimittit uxorem. Eutychianus[2]. Si quis gentilis gentilem dimiserit uxorem ante baptisma, post baptismum in potestate ejus erit eam habere vel non habere.

30. — De eadem re. Ejusdem[3]. Simili modo si unus ex conjugatis baptizatus est...

31. — De muliere nuptias condemnante. Ex concilio Ancirano[4]. Si quis adulterium commiserit...

32. — De muliere condemnante nuptias. Ex concilio Gangrensi[5]. Si qua mulier si derelicto viro...

33. — Quod non ligandus sit qui unam ante baptismum, aliam post baptismum accepit uxorem. Innocentius[6]. Deinde ponitur non dici oportere digamum...

34. — Quod nuptiarum federa inter ingenuos sint legitima. Leo[7]: Non omnis mulier viro juncta...

35. — Quod separata à viro flagitioso non possit alium ducere. Jeronimus[8]. Maritus licet sit adulter...

36. — De fide à conjugatis servanda. Augustinus[9]. Cum ad peccatum admittendum adhibeatur fides...

---

[1] S. Augustin, *de bono viduitatis*, c. 12 ; cf. *Décret* d'Yves, VIII, 268, et *Panormiæ*, VI, 59.

[2] Ce chapitre et le suivant se rencontrent dans le Pénitentiel de Théodore, XII, 17 et 18; cf. Schmitz, *die Bussbücher*, p. 546 ; Burchard. IX, 59 et 60 ; *Décret* d'Yves, VIII, 195 et 196; C. 28, Q. 1, c. 2 et 3.

[3] Se trouve dans Burchard (IX, 60), dans la *Tripartita*, dans les collections d'Yves, et dans C. 28, Q. 1, c. 3.

[4] C. Ancyre, c. 20 *(Hispana)*.

[5] C. Gangres, 14 *(Hispana)*: cf. *Coll. Tripartita*, II (conc. Gangr.), 14; *Décret* d'Yves, VIII, 317; D. 30., c. 3. Les autres collections contiennent ce fragment sous la forme Dionysienne.

[6] Innocent Ier à Rufus, etc., c. 2 : Hinschius, p. 549; cf. *Polyc.*, VI, 4, 53; Burchard, IV, 98; D. 26, c. 3.

[7] S. Léon à Rusticus de Narbonne, c. 4 : Hinschius, p. 616; cf. *Polyc.*, VI, 4, 13; Burchard, IX, 1; *Décret* d'Yves, VIII, 139; C. 32, Q. 2, c. 12.

[8] Ne paraît se trouver que dans Ans., X, 17.

[9] Ans., X, 10; *Polyc.*, VI, 4, 47.

37. — Quod etiam ex male conjunctis possunt fieri nuptiis (*sic*). Augustinus, de bono conjugali[1]. Nec concubine ad tempus...

38. — Quod conjugium remaneat in separatis sicut ordinatio in dampnatis. Idem in eodem[2]. Bonum nuptiarum per omnes gentes...

39. — De his qui rapiunt puellas simul habitantes. Ex concilio Chalcedonensi[3]. Eos qui rapiunt puellas...

40. — Quod sponte liceat eligere monasterium. Eusebius[4]. Desponsatam puellam non licet...

41. — Quod non liceat alterius sponsam in matrimonium sortiri. Syricius[5]. De conjugali autem violatione...

42. — De puella desponsata ab alio corrupta. Ex concilio Anci-rano[6]. Desponsatas puellas...

43. — De sponsis benedicendis. Ex concilio Carthaginensi[7]. Sponsus et sponsa cum benedicendi sint...

44. — Quidam uxorem duxit quam corrupit. Gregorius Felici Sipontino episcopo[8]. Pervenit ad nos quod Felix nepos tuus...

45. — Augustinus[9]. Si vir et uxor non jam duo, sed una caro...

46. — Gregorius papa apostolicus, ante corpus venerabilium Apostolorum inferendo sententiam dixit[10] : Si quis presbiteram duxerit...

---

[1] Texte inspiré par un passage de S. Augustin, *de bono conjugali*, c. 14 : cf. Ans., X, 11 ; *Polyc.*, VI, 4, 48 ; C. 32, Q. 2, c. 5.

[2] Cf. Ans., X, 12 ; *Polyc.*, VI, 4. 60.

[3] Chalcédoine, c. 27 : cf. Ans., X, 47 ; *Polyc.*, VI, 4, 22 ; C. 36, Q. 2, c. 1.

[4] Se trouve dans le *Pénitentiel* de Théodore, II, 12, 33 : Schmitz, *die Bussbücher*, p. 547 ; cf. Ans., X, 6 ; *Polyc.*, VI, 4, 3 ; C. 27, Q. 2, c. 27.

[5] Sirice à Himère de Tarragone, c. 4 : Hinschius, p. 520 ; cf. Ans., X, 7 ; *Polyc.*, VI, 4, 10 ; C. 27, Q. 2, c. 50.

[6] Ancyre, 11 : cf. Ans., X, 8 ; *Polyc.*, VI, 4, 61 ; C. 27, Q. 2, c. 46.

[7] Texte du c. 13 du 4e concile de Carthage (attribution erronée ; cf. Maassen, *Geschichte der Quellen*, pp. 382 et ss.) ou *statuta Ecclesie antiqua* : ne se trouve ni dans Anselme de Lucques, ni dans *Polycarpus*. Ne paraît se trouver, avec l'indication *ex concilio Carthag.*, que dans Réginon, II, 262. Se rencontre d'ailleurs dans l'*Anselmo dedicata*, Burchard, Yves, etc. ; cf la note de M. Friedberg sur D. 23, c. 23 et c. 30, Q. 5, c. 5. Ce dernier passage porte la mention *ex concilio Carthag. IV*.

[8] Lettre de S. Grégoire, III, 43 : cf. Ans., X, 46 ; *Polyc.*, VI, 4, 20 ; *Coll.*, 275.

[9] S. Augustin, *lib. XXII contra Faustum*, c. 61 ; cf. C. 35, Q. 2, c. 15.

[10] Anathèmes de Grégoire II au concile romain de 721 : Hinschius, p. 754 ; cf. Ans., X, 38 et ss. ; *Polyc.*, VI, 8, 1 à 4 ; *Coll.*, 275 et ss.

47. — De diacona, etc. Suite des anathèmes de Grégoire II jusqu'au cas de la *cognata vel quam cognatus habet*, inclusivement.

48. — De virgine non desponsata. Si quis virginem nisi desponsaverit rapuerit... (Même provenance et même série.)

49. — De conjugio quarte generationis quondam Anglis permisso. Gregorius Augustino Anglorum episcopo[1] : Quedam terrena lex...

50. — De conjugio vitando. Gregorius Felici Messane civitatis episcopo, inter cetera[2] : Quod scripsi Anglorum gentis episcopo...

51. — De gradibus cognationis. Ex decreto Gregorii[3]. De affinitate namque consanguinitatis per gradum cognationis...

52. — De his qui infrà septimam generationem nescienter juncti sunt. Ex eodem[4]. De gradibus vero cognationum...

53. — Ut conjunctio consanguineorum prohibeatur. Calixtus[5]. Conjunctiones autem consanguineorum...

54. — De his qui se proximis copulant. Zacharias[6]. Nam et hec salubriter precavenda sancimus...

55. — Alexander episcopus, servus servorum Dei, omnibus episcopis et clericis necnon judicibus per Italiam constitutis...[7] Ad sedem apostolicam perlata est questio noviter exorta de gradibus consanguinitatis...

56. — Sans *inscriptio*[8]. Progeniem suam unumquemque usque

---

[1] Extrait de la lettre douteuse de S. Grégoire à S. Augustin, XI, 64 : cf. Ans., X, 30; *Polyc.*, VI, 4, 21; C. 36, Q. 2, c. 20.

[2] Extrait de la lettre douteuse à Félix, évêque de Messine, XIV, 17 : cf. Ans., X, 31; *Polyc.*, VI, 4, 22; C. 35, Q. 2 et 3, c. 20.

[3] Cf. *Polyc.*, VI, 4, 56; c. 35, Q. 2 et 3, c. 1, et la note de M. Friedberg.

[4] Apocryphe d'origine incertaine : cf. *Polyc.*, VI, 4, 57 et C. 35.

[5] Ps. Calixte, c. 16 : Hinschius, p. 140; cf. *Polyc.*, VI, 4, 54; C. 35, Q. 2 et 3, c. 2.

[6] Le texte appartient à une lettre de S. Grégoire, apocryphe, XIV, 16. L'erreur provient peut-être d'une confusion résultant de ce que ce fragment et le fragment 13 ci-dessus, de Zacharie, se suivent dans *Polyc.*, VI, 4, 29 et 30, où notre auteur aurait puisé le présent fragment.

[7] Alexandre II : cf. J. W., 4500 : Ans., XI, 91 (dans la forme postérieure de cette collection comprenant treize livres); *Polyc.*, VI, 4, 62; C. 35, Q. 5, c. 2.

[8] Cf. *Polyc.*, VI, 4, 36; C. 35, Q. 2 et 3, c. 16. Voir pour les sources la note de l'édition Friedberg. Ce fragment ne se retrouve pas dans le premier état de la collection d'Anselme. Plus tard on l'y retrouve (Ans., X, 46, d'après Friedberg).

ad septimam observare decernimus generationem, et quamdiu se agnoscunt...

57. — Ex Vormaciensi[1]. In copulatione fidelium...

58. — [2]In septem gradibus omnium propinquitatum...

59. — De consanguineis uxoris. Julius papa[3] : Quod equaliter vir conjungatur...

60. — Isydorus[4]. Sane consanguinitas...

61. — Gregorius Venerio Caralitano episcopo[5]. Fraternitatis tue studiose sagacitati...

62. — Eadem[6] ; vel si sub altero viro cognationis vincula dissolvantur vel si suscepte soboles possunt legitime ad prioris cognationis bransire copulam.

63. — Gregorius[7]. Progeniem suam unum quemque usque ad sep-

---

[1] Concile de Worms, de 868, c. 32. Ne se retrouve pas dans les collections italiennes. Se trouve dans Burchard (VII, 2), la *Collectio Tripartita*, les collections d'Yves, et la présente collection, d'où sans doute il est parvenu à Gratien, c. 35, Q. 2 et 3, c. 18 (voir la note de l'édition Friedberg).

[2] Concile de Cologne, c. 6, d'après Burchard, VII, 15; se trouve dans la *Tripartita* et les collections d'Yves; voir l'index de Theiner à la fin des *Disquisitiones*.

[3] Cf. Burchard, VII, 7; Ans. X, 65 et C. 35, Q. 2 et 3, c. 13, sur l'origine de ce texte, cf. C. 35, Q. 2 et 3, c. 3 et la note de l'édition Friedberg.

[4] Cf. Burchard, VII, 8 et Ans., X, 66. Dans Burchard, ce fragment (c. 29 du 2e concile de Chalon, et 78 du concile de Worms de 868) porte la rubrique : *Ex concilio Maticensi*, c. 3. Il porte la même inscription dans Anselme de Lucques, qui parait avoir emprunté à Burchard ce chapitre et le précédent. Il ne porte aucune inscription dans *Polyc.*, VI, 4, 55. Notre collection lui donne comme attribution : Isydorus. Cette attribution erronée provient sans doute de ce que le chapitre suivant dans Burchard, provient *ex dictis sancti Isidori* (Cf. Burchard, VII, 9). Pour expliquer ainsi l'erreur, il faut admettre que l'auteur de notre collection a puisé ce chapitre et le précédent non dans le recueil d'Anselme de Lucques, mais dans celui de Burchard, ou bien plus vraisemblablement dans le *Décret* d'Yves (II, 44), qui, dans toute cette série de chapitres, reproduit la série de Burchard. D'ailleurs l'erreur a fait fortune. Dans Gratien, notre chapitre est ainsi attribué : *Ysidorus ex concilio Maticensi* : C. 35, Q. 2 et 3, c. 14.

[5] Lettre apocryphe de S. Grégoire : J. W.; n° 1937 ; cf. Ans. X, 45 ; C. 35, Q. 10, c. 1.

[6] Suite du fragment précédent.

[7] Pour le début, cf. ci-dessus, c. 53. La suite est empruntée à la fausse lettre de S. Grégoire à Félix de Messine, XIV, 17. Le fragment ainsi composé se retrouve dans les chapitres ajoutés à Anselme (X, 41, d'après Friedberg) et dans le *Décret* d'Yves, IX, 26.

timam observare decernimus, nec eant quam aliquis ex propria consanguinitate conjugem habuit...

64. — Augustinus, in libro de nuptiis et concupiscentia[1]. Denique mortuo viro...

65. — Nicholaus papa[2]. Sive de conjugii federe...

66. — Fabianus papa[3]. Consanguineos extraneorum...

67. — (Sacramentum de parentela)[4]. De illa parentela quam dicunt esse...

68. — [5]Ab isto die in antea quod tu per nullum ingenium...

69. — De legibus. Quod matrimonia affectu contrahuntur. Ex v° libro Codicis Justiniani[6]. Jubemus ut quicumque mulierem cum voluntate parentum...

70. — Item. Ulpianus in libro Digestorum[7]. Nuptias non concubitus...

71. — Ambrosius in libro Patriarcharum[8]: Tollerabilior si lateat culpa....

72. — Qui (*sic* pour *que*) adulterum maritum reliquit...

73. — Aurel. Ex Aureliani concilio[9]: Si se cuique relicta presbiteri vel diaconi conjunxerit...

74. — Sans *inscriptio*. Sane considerandum est quod non dixit: Omnis qui concupiverit mulierem, sed qui viderit ad concupiscendam eam...

75. — De eodem. Non enim qui precepit dari libellum repudii...

76. — Jeronimus. Illud adde quoniam qui fornicatur in corpus suum peccat...

---

[1] Cf. Gratien, C. 31, Q. 1, c. 2.

[2] Nicolas Ier, J. W., n° 2872; cf. *Polyc.*, VI, 4, 69, et C. 33, Q. 2, c. 4.

[3] Ps. Fabien, J. W., 100; cf. Ans., X, 58; *Polyc.*, VI, 4, 65; C. 35, Q. 6, c. 1.

[4] Cf. Ans., X, 67; *Polyc.*, VI, 4, 66; C. 35, Q. 6, c. 5. Se trouve dans beaucoup d'autres collections et devrait être attribué à Reginon (II, 232), d'après M. Friedberg.

[5] Observation analogue à celles faites sur le précédent texte: cf. Reginon, II, 234; Ans., X, 68; *Polyc.*, VI, 4, 70; C. 35, Q. 6, c. 9.

[6] 11, pr., *Code*, V, 17, *de repudiis*; cf. *Polyc.*, VI, 4, 67; et *Hüffer*, *Beiträge zur Geschichte des Quellen der Kirchenrechts* (Münster, 1862), p. 99.

[7] 30, *Digeste*, I, 17, *de Regulis juris*; cf. *Polyc.*, VI, 4, 68; C. 27, Q. 2, c. 1.

[8] Cf. C. 32, Q. 4, c. 4, § 2.

[9] Cf. D. 28, c. 11.

77. — Ambrosius in libro de Paradiso[1]. Nec illud ociosum quod non...

78. — Jeronimus[2]. In eo fornicator majoris est criminis...

79. — Jeronimus[3]. Sicut autem non omnis congregatio hereticorum...

80. — Augustinus, de christiana fide[4]. Non solo tactu et affectu...

81. — Jeronimus, De virginibus[5] : Quomodo in virginibus et fornicationibus (*sic* pour *fornicationis*) periculo concedit nuptias...

82. — Ambrosius super L[ucam][6]. An quod in subditos nefas est, in comparem fas est...

83. — Sans *inscriptio*[7]. Nuptie terram replent, virginitas paradisum. Sed et hoc...

84. — Augustinus super Johannem[8]. Recurrat nunc animus vester ad Habraam...

85. — Augustinus[9]. Sponsus ille qui vocaturus erat...

86. — Ejusdem in libro de bono conjugali[10]. Sicut satius est mori fame quam ydolithitis vesci, ità satius defungi sine liberis quam ex inlicito concubitu...

87. — Gregorius[11]. Satis perversum est et contrà ecclesiasticam...

88. — Jeronimus in epistola contrà Rufinum[12]. Nasci de adulterio...

---

[1] Ch 10. Ne paraît se trouver que dans C. 33, Q. 5, c. 20.

[2] S. Jérôme sur le chapitre 5 de l'épitre aux Galates, vers 19 ; cf. C. 32, Q. 4, c. 12.

[3] S. Jérôme sur l'épitre aux Ephésiens, c. 5, vers 22 et 23 : cf. *Décret* d'Yves, VIII, 277, et C. 32, Q. 2, c. 2.

[4] S. Augustin, lettre 211, n° 10 ; paraît se retrouver seulement dans C. 32, Q. 5, c. 12.

[5] S. Jérôme, *contrà Jovinianum*, c. 14. Ne paraît se trouver que dans C. 32, Q. 1, c. 10.

[6] S. Ambroise, *super Lucam*, c. 16 ; ne paraît se trouver que dans C. 33, Q. 2, c. 12.

[7] En réalité S. Jérôme, *contrà Jovinianum*, c. 16 : Cf. C. 32, Q. 1, c. 12.

[8] *Tract.* XI, n° 8. Ne paraît se trouver que dans C. 32, Q. 4, c. 2.

[9] Cf. D. 56, c. 6.

[10] N° 18. Ne paraît se trouver que dans C. 32, Q. 4, c. 8.

[11] Lettre de S. Grégoire, XII, 8. Ne paraît se trouver que dans D. 56, c. 7.

[12] Cf. *Décret* d'Yves, VI, 413 ; *Coll. Tripartita*, III, 10, 47 ; D. 56 ; c. 5.

89. — Ambrosius in libro de officiis.[1] De castimonia autem quid loquar...[1].

90. — Gregorius[2]. Cujus rei causa cum matre sua...

91. — Imperator Constantinus[3]. Cum ancillis non potest esse connubium...

92. — De lege. In Novella[4]. Si quis divinis tactis scripturis juravit mulieri legitimam se eam uxorem habiturum, vel si in oratorio...

93. — [5] Si, ut proponis, pater quondam mariti tui in cujus sit potestate cognitis nuptiis vestris non contradixerit...

94. — [6] Si qua femina perdito marito nec expleto decennio...

95. — Julii pape[7]. Si quis ancillam suam libertate donaverit...

96. — Ex concilio Triburiensi[8]. Si quis sue spiritualis commatris...

97. — De sanctorum patrum (*sic*). De prolibus autem duorum compatrum...

98. — Jeronimus super Matheum. Sola est fornicatio que uxoris...

99. — [9] Connubia quidem legitima carent quidem (*sic*) peccato...

100. — Ambrosius in libro Patriarcharum[10]. Dixit Sara ad Abraam : Ecce conclusit me Dominus...

101. — Ejusdem[11]. Offerebat sanctus Loth filiarum pudorem. Nam et si...

---

[1] *De officiis*, I, c. 50.

[2] S. Grégoire, Lettre, VII, 1 : cf. C. 29, Q. 2, c. 6.

[3] 3, *Code*, V, 5, *de incestis nuptiis*. N'est pas dans *Polycarpus*.

[4] *Epitome* de Julien, c. 244 (Haenel) : cf. *Coll. Tripartita*, III, 15 (*de conjugiis*), 36 ; *Décret* d'Yves, VIII, 44 ; C. 30, Q. 5, c. 9. Ce fragment, comme beaucoup d'autres, vient donc non des collections d'origine romaine, mais de celles d'origine française.

[5] Alexandre Sévère, c. 5, *Code*, V, 4, *de nuptiis*.

[6] Valentinien, Gratien et Théodose, 2, *Code*, V, 9, *de secundis nuptiis*. Ne paraît pas se trouver dans *Polycarpus*.

[7] En réalité, Justinien, 26, *Code*, V, 4, *de nuptiis* : cf. avec l'attribution à Jules, *Polyc.*, VI, 4, 8 ; *Décret* d'Yves, VIII, 156 ; C. 29, Q. 2, c. 3 et les collections indiquées par M. Friedberg.

[8] Tribur, c. 48.

[9] Cf. C. 32, Q. 2, c. 4. Le texte est attribué dans Gratien à S. Jérôme sur S. Mathieu.

[10] Lib. I, de Abraham, c. 4, n° 25 : cf. C. 32, Q. 4, c. 3.

[11] *Ibid.*, c. 6, n° 52 : cf. Burchard, X, 115. *Décret* d'Yves, IX, 115, et C. 32, Q. 7, c. 12.

102. — Gregorius[1]. Si quelibet culpa sequenti solet pia operatione...

103. — Augustinus. Ceteris autem ego, non Dominus, ad imparia scilicet...

104. — Gregorius[2] : Salomon quippe immoderato usu...

105. — Ysidorus[3]. Nam non solum de commissa fornicatione...

106. — [4]Sunt quedam que sicut animalia absque ulla discretione indesinenter libidini serviunt, quas ego nec mutis pecudibus...

107. — Jeronimus[5]. Origo quidem honesta amoris erat, sed magnitudo deformis...

108. — Ejusdem[6]. Quis ignorat sub altera dispensatione Dei...

109. — De eodem[7]. Ab exordio conditionis humane...

110. — Ex eodem. Fac ut concesserit Paulus...

111. — Nicholaus papa. Nam licet quod Deus conjunxit...

112. — Augustinus[8]. Non erit turpis neque difficilis...

113. — Augustinus[9]. Obiciuntur Jacob quatuor uxores...

114. — Joannes Crisostomus.[10] (H)ac ratione et Apostoli precepcrunt secundas adire nuptias, propter incontinentiam...

115. — Jeronimus[11]. Liberorum ergo, ut diximus, in matrimonio opera concessa sunt, voluptates autem quæ...

---

[1] *Moralia* de S. Grégoire, XVIII, 3 : cf. *Décret* d'Yves, XII, 41, et avec *l'initium* de notre chapitre, C. 22, Q. 2, c. 20.

[2] *Moralia* de S. Grégoire, XII, 18 : cf. C. 32, Q. 4, c. 13.

[3] Isidore, lib. II, *de summo bono*, c. 39 : cf. C. 32, Q. 7, c. 15.

[4] Origène, homélie V sur le chapitre 19 de la Genèse, n° 4. Forme dans Gratien la dernière partie du fragment cité au numéro précédent, C. 32, Q. 7, c. 15, et y est si complètement uni qu'il est attribué à Isidore. Il semble bien que Gratien a dû emprunter ces deux chapitres à notre collection : le second n'y ayant pas d'*inscriptio*, il l'aura placé sous la même rubrique que le premier.

[5] S. Jérôme, *contrà Jovinianum*, livre I : cf. C. 32, Q. 4, c. 5.

[6] Même source, livre II : cf. C. 32, Q. 4, c. 6.

[7] Même source, livre I : cf. D. 35, c. 2.

[8] S. Augustin, *de adulterinis conjugiis*; lib. II, c. 9, n° 8 : cf. C. 32, Q. 1, c. 8.

[9] S. Augustin, lib. XXII, *contra Faustum*, c. 47 et 48 : cf. C. 32, Q. 4, c. 7.

[10] Provient de l'*auctor operis imperfecti in Matth.*, hom., XXXII : cf. C. 31, Q. 1, c. 9.

[11] S. Jérôme sur l'épitre aux Éphésiens, c. 5, v. 25 : cf. C. 32, Q. 4, c. 14.

116. — Horsmida[1]. Ut nullus fidelis cujuscumque conditionis sit, occulte nuptias faciat.

117. — Gregorius[2]. Qui viderit mulierem ad concupiscendam eam...

118. — Augustinus. Audiat vos Deus, si surdi estis...

119. — Ex concilio Usmerie (*pour* Vermerie) ubi fuit Pippinus rex[3]: Si quis ingenuus homo alterius ancillam uxorem acceperit... Si non potest, si noluerit, aliam accipiat.

120. — De ingenuo si ingenuam acceperit uxorem et postea servum esse profiteantur[4] (Perlatum est ad sanctum...).

121. — [5]Dictum est nobis quod quidam legitima servorum matrimonia...

122. — Augustinus ad Polentum, in libro II[6] : Quod autem tibi durum videtur ut post adulterium reconcilietur conjux...

123. — Urbanus episcopus in sancta sinodo Placentie[7]. Post susceptum vero de fonte filium...

Ici finit le titre *de conjugiis* et commence le titre *de diversa fornicatione.*

CHAPITRE III. — TEXTES DE DROIT ROMAIN

On a rencontré, dans les titres analysés *in extenso*, quelques fragments de droit romain[8]. J'ai cru en outre devoir donner ici la liste

---

[1] Cf. *Polyc.*, VI, 4, 16 ; C. 30, Q. 5, c. 2 et la note de M. Friedberg.

[2] *Moralia* de S. Grégoire, XXI, 11 : cf. C. 32, Q. 5, c. 13.

[3] 6e chapitre du Capit. de Verberie (753) ; inséré par Reginon, Burchard et Yves ; venu dans notre collection d'où il aura sans doute passé dans C. 29, Q. 2, c. 4.

[4] Ce doit être C. 29, Q. 2, c. 7, venu dans notre collection par la même voie que le précédent.

[5] Concile de Chalon de 813, II, 30 : cf. C. 29, Q. 2, c. 8 ; même observation que pour les deux précédents.

[6] Cf. *Polyc.*, VI, 4, 71 ; C. 22, Q. 1, c. 7 et la note.

[7] Attribution erronée : fragment de la lettre de Pascal II à l'évêque de Reggio (1100-1115) ; J. W., 6436 ; se trouve dans *Polyc.*, VI, 6, 3, avec l'attribution à Pascal II ; de même dans Gratien, C. 30, Q. 3, c. 5.

[8] Cf. I, 4, c. 5 ; I, 12, c. 6 ; I, 18, c. 4 à 11 ; III, 11, c. 65, 66, 86 à 90. Joignez-y la lettre de l'empereur Honorius, citée par Maassen, *Geschichte der Quellen*, p. 319, et Hinschius, p. 554.

des fragments de droit romain qui se trouvent dans les titres non analysés. L'auteur a reproduit beaucoup de textes qu'il a trouvés dans *Polycarpus :* j'ai signalé par un astérisque ces textes, qui ont été déjà mentionnés par M. Hüffer[1], d'après *Polycarpus*[2]. Plusieurs de ces textes, comme le fait remarquer M. Hüffer, ne se trouvent que dans *Polycarpus;* le fait qu'ils ont passé dans notre collection peut donc être invoqué pour démontrer les liens étroits qui l'unissent à *Polycarpus.*

Livre II, titre XXVII. — *De privilegiis ecclesiarum servandis.*

Imper. Leo Aug. Ericio (*pour* Erythrio) pref. pretor. Omnes qui ubique[3]...

* Leo Augustus. Generaliter sancimus, etc...[4]

* Excerptum ex legibus, de privilegiis ecclesiasticis. [5]Constantinus clericis salutem dicit...

---

[1] *Beiträge zur Geschichte der Quellen des Kirchenrechts* (Münster, 1862), pp. 86 et 11.

[2] Il est bon de faire observer ici que deux textes romains figurent dans plusieurs manuscrits (Vatic., Reg. 987 et 1026 entre autres) de *Polycarpus*, au livre IV, mais non dans tous les manuscrits; ils n'ont pas été signalés par M. Hüffer. Ce sont les fragments suivants :

Hoc etiam cognitum nobis... c. 56, § 1, *Code* I, 3; Justinien assure aux enfants la liberté d'entrer au monastère malgré la volonté de leurs parents.

Item lege in perpetuum valitura jubemus ut si quis sponsus... c. 56, pr., *Code* I, 3; Justinien assure au fiancé ou à la fiancée la liberté de rompre les fiançailles pour entrer au monastère.

Ces deux fragments ne paraissent pas avoir passé dans notre collection.

[3] 33, *Code* I, 3, *de episcopis et clericis.*

[4] 51, *Code* I, 3 : la constitution émane en réalité de Justinien. L'erreur a été commise par le manuscrit de Pistoie comme par celui du Vatican : elle provient donc vraisemblablement de l'auteur de la collection. Le texte du manuscrit du Vatican est très incorrect.

[5] C'est la série de fragments de constitutions impériales reproduite dans la collection en 74 titres, n° 33-38, non pas d'après les sources, mais d'après Hincmar, *Opusc.*, *XXIX pro Hinmaro Laudunensi episcopo*, éd. Sirmond, t. II, pp. 318 et ss. Notre auteur a emprunté cette série soit à la collection en 74 titres, soit à celle d'Anselme de Lucques, IV, 13 et ss., soit à celle dite *Polycarpus*, III, 15, 18 et s.

Lex. Imperatores Valentinianus et Marcianus Aug. Privilegia que à generalibus...[1]

* Lex Archadius et Honorius Aug. Theodoro Pref. Pretor. Si quis in hoc genus sacrilegii...[2]

Lex. Justinianus imperator. Plane quedam constitutiones sunt personales...[3].

Lex. Maneant jura prestita episcopis...[4].

Lex... Possessimes ad religiosas domos pertimentes...[5].

Lex. Si quis in nomine Domini Nostri Jesu Christi hereditatem reliquerit...[6].

Lex. Si quis in nomine martirum hereditatem...[7].

Lex. Si quis post episcopatum vel ante consecrationem voluerit proprias res...[8].

Lex. Nullam diminutionem patiantur ecclesiastica jura...[9].

Lex. Nullus episcopus pro rebus ecclesie sue executionem...[10].

Lex. Si imperator commutare voluerit...[11].

Et après quelques fragments canoniques :

* Ex libro Institutionum Justiniani. Nullius autem sunt res sacre et religione... Papinianus [re]scripsit[12].

Titre XXXVIII. — *De privilegiis monasteriorum.*

Ex Novelia. Non liceat parentibus...[13].

Item. Non liceat parentibus...[14].

---

[1] 12, *Code*, I, 2, *de sacrosanctis ecclesiis*.

[2] 10, *Code*, I, 3.

[3] Institutes, I, 2, 6.

[4] *Epitome Juliani*, 509. Cette citation et les sept suivantes sont empruntées à Placide de Norantula, *liber de Honore Ecclesiæ*, n°s 159-166.

[5] *Epitome*, 510.

[6] *Ibid.*, 514.

[7] *Ibid.*, 515.

[8] *Ibid.*, 431.

[9] *Ibid.*, fin du c. 432.

[10] *Ibid.*, 473.

[11] Résumé du c. 32, *Epitome Juliani*.

[12] 8, *Institutes*, II, 1, *de divisione rerum*.

[13] *Epitome Juliani*, 488.

[14] *Ibid.*, 489.

Item. Nemini liceat in posterum cujuscumque monasterii venditionem...[1].

Imperator Constantinus. Si qua beneficia...[2].

Justinianus. Ex non scripto...[3].

Et paulo post. Ea vero que...[4].

Titre XXIX. — *De monachis.*

* Ex novella Justiniani. Si quis in monasterium consecratus fuerit...[5]

Titre XXX. — *De virginibus.*

* Imperator Jovinianus. Si quis, non dicam rapere, sed attentare tantum...[6].

* Ex novella Justiniani imperatoris. Si quis rapuerit vel sollicitaverit vel...[7].

Titre XXXI. — *De tricennali possessione.*

* Prescriptio Romane Ecclesie. Ex novella Justiniani imperatoris. Presens constitutionibus jubet sacratissimam...[8].

* Item ex eisdem. Neque decennii...[9].

* De invasoribus violentis. Imperatores Valentinus (*sic*) et Theodosius et Archadius Aug. Si quis in tantam furoris...[10].

* De eadem re. Ex libro Digesti. Sive autem corpore sive animo... non ex intervallo sed ex continenti[11].

---

[1] *Epitome Juliani*, 42.

[2] 4, *Code*, I, 23, *de diversis rescriptis*.

[3] *Institutes*, I, 2, 10.

[4] *Institutes*, I, 2, 11; paraît donné seulement par le manuscrit de Pistoie.

[5] *Epitome Juliani*, 18.

[6] 5, *Code*, I, 3.

[7] *Epitome Juliani*, 493.

[8] Texte très corrompu de l'*Epitome Juliani*, 44.

[9] *Epitome Juliani*, 511; donné seulement par le manuscrit de Pistoie : cf. Chiappelli, *op. cit.*, p. 249.

[10] 7, *Code*, VIII, 4, *undè vi*.

[11] 1, §§ 24-29, *Digeste*, XLIII, 16, *de vi et de vi armata*, et 3, § 9, *eodem* : cf. Hüffer, *op. cit.*, pp. 89-91.

Titre XXXII. — *De accusatione.*

Imperat. Dioclicianus et Maximianus Camerio. Invitus agere vel accusare nemo cogatur[1].

Vient ensuite le fragment suivant : [2]

« Nunc admonendi sumus magnam curam egisse eos qui jura sustinebant ne facile homines ad litigandum procederent, quod et nobis studio est, ideoque eo maxime fieri potest quod temeritas tam agentium quam eorum cum quibus agunt modo pecuniaria pena, modo jurisjurandi religione, modo metu infamie coercerentur. Ecce jusjurandum omnibus qui conveniuntur ex nostra constitutione defertur. In primis quod actor ità juret : Hanc calumniam quam movi Metęllo non calumpniandi animo, sed existimatione bonam habere causam, nec in tota hac causa gratia dilationis aut calumpnie aut vexandi adversarii probationes a Metello meo adversario exigam. Sic Deus adjuvet... Post reus ità : Ego putans uti bona instantia ut ad contradicendum venio, nec causa dilationis aut calumnie nec vexandi adversarii causa. Hac (*pour* hoc) à Martonico (pour *Martino*) adversario meo requiram. — Patroni causarum ità jurent, quod omni quidem virtute sua omnique(!), quod juste et verum existimaveri[n]t, clientibus suis inferre procurent, nichil studii relinquentes quod sibi possibile est. Sic Deus... »

Si cui preses provincia susceptus (suspectus)...[3].

Si quis apud presidem provincie injuriam...[4].

---

[1] 1, C. III, 7.

[2] Ce fragment est fait d'un passage des *Institutes* de Justinien, pr. et § 1, *Inst.*, IV, 16, *de pœna temere litigantium* (du début jusqu'au mot *defertur*) et ensuite, d'une formule de serment qui se trouve à la fin de la première constitution apocryphe de Justinien publiée par Fitting [*die Institutionenglossen des Gualcausus*, Berlin, 1891, in-8°, p. 127] et avant lui par Klenze [*Zeitschrift für geschichtliche Rechtswissenschaft*, VIII, p. 250]. La formule était jusqu'ici incomplète : elle s'arrêtait dans les éditions aux mots *ad contradicendum venio* (Fitting, *pervenio*), *nec causa* ; l'obligeance inépuisable du R. P. Ehrlé, qui a bien voulu transcrire pour moi la fin du texte, me permet de la compléter.

[3] *Epitome Juliani*, 249.

[4] *Ibid.*, 250.

Si quis cum clerico... [1].
Superest ut de officio judicis... [2].
Imperator Leo : Pacta que contra leges... [3].

Titre XXXIII. — *De judiciis et judicibus.*

* Ex septimo libro Codicis Justiniani. Cessante quoque causa peremptorii edicti... [4].
* De eodem. Si, ut proponis, preses provincie... [5].
* De eodem. Ea que statuuntur... [6].
* De eodem. Cum non voluntatis tue... [7].
* De eodem. Constitit in quacumque causa... [8].
* Ex eodem. Neque suam neque decessoris sui... [9].
* (Ex eodem). Sententia que dicta fuerit... [10].
* Ex eodem. De eo qui pretio depravatus... [11].

Theodesius imperator Augustus. Omnes itaque cause que vel pretorio jure... [12].

Viennent ensuite un extrait de S. Grégoire : *In Moralibus : Qui sine peccato est...*, et un fragment d'une décrétale du pape Innocent Ier : *Innocentius Rufo... Grave non oportuit.* Puis : Imper. Archadius et Honorius Vincentio pref. pretor. Galliarum. In criminali negotio rei forum... [13].

---

[1] *Epitome Juliani*, 298. Quelques membres de phrase sont omis : 1° depuis *Ubi episcopus* jusqu'à *inseratur ;* 2° depuis *ità tamen* jusqu'à *numerandum*. Le texte est complet et même additionné d'une phrase parasite dans Gratien, C. 11, Q. 1, c. 45 et 46.

[2] Pr., *Institutes*, IV, 17, *de officio judicis.*

[3] 6, *Code*, II, 3, *de pactis.*

[4] 2, *Code*, VII, 43, *Quomodo et quando judex...*

[5] 5, *Code*, *ibid.*

[6] 7, *Code*, *ibid.*

[7] 10, *Code*, *ibid.*

[8] 1, *Code*, VII, 49, *de pœna judicis qui male judicavit.*

[9] 1, *Code*, VII, 50, *sententiam rescindi non posse.*

[10] 3, *Code*, VII, 44, *de sententiis ex periculo recitandis*, dernière phrase de la constitution.

[11] 2 *Code*, II, 49, *de pena judicis.*

[12] Ce texte provient de la constitution de Constantin à Ablavius, 1, C. Th., *de episcopali judicio :* cf. Placide de Nonantula, c. 156.

[13] 1, *Code*, III, 13, *de jurisdictione omnum judicum.*

Après trois chapitres empruntés aux ouvrages des Pères, on trouve enfin ce fragment qui termine le titre *de judiciis :*

Alexander imperator Aurelie : Ea que advocati... [1].

Livre III, Titre III. — *De hereticis.*

In lege. Nullus hereticus militet vel publicam curam gerat [2].

In lege. Orthodoxos autem dicimus eos qui... acephalos [3].

Titre V. — *De incantatoribus.*

In nono libro Codicis. Nullus aruspex... * [4].

Ex eodem. Multi magicis... * [5].

Titre VI. — *De Judeis.*

* Imperator Constantinus : Judeus servum Christianum... [6].

Titre IX. — *De consuetudine.*

* Imperator Constantinus Augustus. Consuetudinis ususque... [7].

* Julianus in libro LXXXIV Dig. Inveterata consuetudo non pro lege... [8].

Titre XIV. — *De multimodis juramentis.*

Pompeius : L. Territorium est universitas agrorum... [9].

En résumé, l'auteur de notre collection ne s'est pas borné à emprunter au *Polycarpus* ses fragments du droit romain : il a su lui-même extraire des sources non seulement un monument de la législation impériale (la constitution de Constantin à Ablavius, sur la

---

[1] 1, *Code*, II, 10, *de errore advocatorum.*

[2] *Epitome Juliani*, c. 364.

[3] *Ibid.*, § 374.

[4] 3, *Code*, IX, 18, *de maleficis.*

[5] 6, *Code*, *ibid.*

[6] 5, *Code*, I, 10, *ne christianum mancipium...*

[7] 2, *Code*, VIII, 53, *quæ sit longa consuetudo.*

[8] 32, *Digeste*, I, 3, *de legibus.*

[9] Cf. 239, §§ 7 et 8, *Digeste*, L 16, *de verborum significatione*, fragment de Pomponius.

juridiction ecclésiastique), mais encore des passages des Institutes de Justinien, de son Code, de son Digeste et de l'*Epitome Juliani*. Enfin, il a mis à contribution une des constitutions apocryphes de Justinien, qui circulaient de son temps dans les écoles italiennes.

CHAPITRE IV. — QUESTIONS RELATIVES A LA COLLECTION

Il convient maintenant d'indiquer les solutions, certaines ou probables, des questions diverses qui se posent relativement à notre collection.

1° Les matériaux qui ont été employés sont de ceux qui se rencontrent dans tous les recueils du même genre et de la même époque. En première ligne on y trouve des décrétales, vraies ou fausses, depuis celles de S. Clément jusques à celles de Pascal II : pas n'est besoin de dire que les fragments de S. Grégoire y tiennent une grande place. Les papes appartenant à la période de la réforme inaugurée par Hildebrand y figurent aussi; c'est ainsi qu'on y retrouve parmi les noms des auteurs de fragments cités ceux de Léon IX, de Nicolas II, d'Alexandre II, de Grégoire VII et d'Urbain II. A côté des décrétales se placent les conciles, commençant par le concile de Nicée et finissant par le concile tenu en 1110, au Latran, par Pascal II. Le pénitentiel de Théodore a fourni quelques fragments ainsi que les *Capitula Angilramni*. Les citations des Pères sont nombreuses : naturellement l'immense majorité de ces citations provient des Pères de l'Église latine. L'histoire est représentée par des fragments du *Liber Pontificalis* et de l'*Historia Tripartita* de Cassiodore[1]. Les monuments du droit séculier autres que le droit romain n'ont fourni que de rares extraits : on remarquera notamment un fragment du capitulaire de Verberie[2] et un autre de la célèbre constitution d'Otton Ier en faveur de l'Église romaine[3], tous deux provenant d'autres collections italiennes. En revanche les citations des lois

---

[1] Voir plus haut, page 32.
[2] Voir plus haut, page 51.
[3] Voir plus haut, page 26. Cf. Sickel, *das Privilegium Otto I*, p. 59, note 2.

romaines sont nombreuses et variées[1]. Outre six constitutions du Code Théodosien tirées d'un écrit d'Hincmar de Reims pour être insérées dans la collection en 74 titres, puis dans celle d'Anselme et dans le *Polycarpus*, d'où elles ont passé dans notre collection, outre un fragment de la fameuse constitution adressée par Constantin à Ablavius, et une lettre d'Honorius adressée au pape Boniface, l'auteur a recueilli bon nombre de passages des

---

[1] M. Luigi Chiappelli a mentionné la présence, dans le manuscrit de Pistoie, de fragments qui proviennent des œuvres d'un *magister Vgo* (ce ne parait pas être Hugues de Saint Victor) ou du *de officiis* de Cicéron. Ces fragments ne se retrouvent pas dans le manuscrit du Vatican. En voici la liste, d'après l'obligeante communication qu'a bien voulu m'adresser M. Chiappelli :

Voici d'abord les fragments tirés de *magister Vgo*, tous surajoutés :

Fol. 120. En marge du titre *de virginibus* (II. 30) : Magister V. Votum est voluntaria sponsio animi. (Cette définition résume celle d'Hugues de Saint-Victor, *de Sacramentis*, XII, 1.) Suit immédiatement : Quisquis Deo votum facit redde(re) debet..... non votum solvit, sed implet.

F. 203 v°. Ajouté au texte du titre *de conjugiis* : (III, 11).

Magister Vgo : Cum vir et mulier jurant se accepturos in conjuges.. si fuerunt tales qui valeant inter se contrahere matrimonium.

F. 215, v°. Ajouté au début du titre *de multimodis juramentis* (III, 14).

Magister Vgo : Hoc caput sancti Ysidori sic exponit : Quacumque arte verborum quisque juret et cetera. Si quis arte verborum jurat ad fraudandum proximum . . . . aliud occultaverit quod relatum periculo foret, non peccat.

Magister Vgo. Si aliquis dum alter proximus suus se pejerat..... est perjurum, etiam si pro sua re sibi juret.

Idem. Si aliquis alteri jurat se facturum aliquid mali, melius est frangere sacramentum quàm implere. Debet autem penitere quia temere juravit.

Fol. 226, v°. Ajouté dans le texte au titre *de juramentis* (III, 14).

Magister Vgo. Queritur de illo qui concubuit... ut assensu uxoris deserat hunc mundum.

Voici maintenant les passages du *de officiis* :

Fol. 224, v°.

On lit dans le texte (titre *de juramentis*, III, 14) :

Tullius in libro *de officiis* : Secundo autem Punico bello..... Semper autem in fide quod senseris, non quod dixeris, cogitandum est. (Cf. *de officiis*, I, 13.)

In eodem. Bene precipiunt qui vetant quicquam agere..... majus anteponitur minori (*de officiis*, I, 9 et 10).

Une main plus récente a ajouté : Atque etiam si quid singulis temporibus adducto hosti... quam fidem hosti datam tollere. (Cf. *de officiis*, I, 13.)

Fol. 228, au titre *de raptoribus et furibus et pauperum oppressoribus* (III, 15).

Tullius in libro *de officiis* : Qui aliis nocent ut in alios liberales sint in eadem sunt injustitia ut si in suam rem aliena convertant (*de officiis*, I, 14).

compilations de Justinien qui figurent dans *Polycarpus* et en a ajouté un certain nombre qu'il a sans doute extraits lui-même de ces compilations. On a vu qu'il sut utiliser pour la réalisation de son œuvre les Institutes, le Digeste, le Code et les Novelles de Justinien, celles-ci sous la forme de l'*Epitome Juliani*.

2° S'il a puisé parfois aux sources originales, il est arrivé souvent à notre auteur d'emprunter ses matériaux à des collections antérieures. Quelles furent ces collections? Sur ce point les notes jointes aux titres analysés ci-dessus permettront sans doute au lecteur de se former une opinion.

A l'époque où a été composée notre collection, c'est-à-dire, comme on le verra plus loin, vers 1115 ou 1120, les collections canoniques répandues dans l'Europe occidentale se rattachaient à deux groupes principaux [1]. Le premier peut être désigné sous le nom de groupe romain : il comprenait en première ligne la collection en 74 titres datant du pontificat de Léon IX [2], la collection d'Anselme de Lucques qui appartient par son origine à une époque voisine de la mort de Grégoire VII, et aussi la collection en huit livres dite *Polycarpus*, œuvre d'un cardinal Grégoire qui a dû la composer entre 1104 et 1112, ainsi qu'on le montrera ci-après. Ces trois collections sont inspirées par l'esprit de la réforme tel qu'on la comprenait à Rome ; c'est pourquoi elles mettent en pleine lumière les prérogatives du Saint-Siège [3].

En France et dans les pays voisins se développait alors un autre groupe de collections. Ce groupe se reliait par ses origines à Burchard de Worms, dont le *Décret*, œuvre du commencement du XIe siècle, avait été répandu dans tout l'Occident : il comprenait en outre la *Collectio*

---

[1] Je me borne à indiquer ces grandes divisions; je n'ai pas la prétention d'y faire entrer toutes les collections. Il existait certainement des groupes secondaires que ce n'est pas le lieu de mentionner.

[2] Sur cette collection, je me permets de renvoyer au mémoire que j'ai publié dans les *Mélanges* de l'École de Rome, année 1894, tome XIV, sous ce titre : *La première collection canonique de la Réforme du XIe siècle*.

[3] Je ne parle pas ici de la collection beaucoup moins répandue du cardinal Deusdedit, datant de 1087, fort mal éditée par Martinucci, en 1869, d'après le manuscrit unique conservé au Vatican, sous ce titre : Deusdedit.... *Collectio canonum e codice Vaticano*, ni du *Décret*, postérieur à 1089, de Bonizon, évêque de Sutri, qui n'a pas encore été imprimé.

Tripartita[1], la *Panormia* d'Yves de Chartres et le *Décret* qui lui est attribué, ainsi qu'une foule de collections locales procédant de la *Tripartita* et des recueils d'Yves. D'ailleurs ces compilations n'étaient pas les seules à circuler dans les églises de notre pays au début du XIIe siècle : on y connaissait aussi les collections romaines, par exemple la collection en 74 titres et ses dérivés; en revanche les collections françaises avaient de bonne heure pénétré en Italie, de même qu'un siècle plus tôt y avait pénétré le *Décret* de Burchard.

Or il ressort des constatations dont le résultat a été indiqué plus haut, que si notre collection en trois livres a subi dans une faible mesure l'influence du groupe français, par le choix des matériaux qui y sont entrés aussi bien que par le plan qui y est suivi et l'esprit qui l'a inspirée elle se rattache nettement au groupe romain.

Dans ce groupe, c'est le *Polycarpus* avec lequel elle est le plus étroitement apparentée. La ressemblance se manifeste extérieurement par l'identité des rubriques d'un assez grand nombre de titres ; c'est ainsi que, pour le seul premier livre de notre collection, les titres 1, 2, 4, 5, 6, 7, 8, 9, 11, 12, 13, 14, 15, sont précédés des rubriques identiques à des rubriques du premier livre de *Polycarpus*[2]. En outre, la ressemblance se manifeste dans la composition même des titres : ainsi, sur les onze chapitres du titre Ier, livre Ier, huit paraissent provenir de *Polycarpus,* la plupart ayant été empruntés au titre I, 2, qui répond, dans *Polycarpus,* au titre Ier de notre collection. De même, sur les vingt-cinq premiers chapitres du livre II, titre Ier de notre collection, trois seulement n'appartiennent pas au titre correspondant de *Polycarpus*. Dans le titre *De conjugiis et adulteriis et consanguinitate* (livre III, titre XI), on peut reconnaître environ cinquante fragments appartenant aux titres analogues de *Polycarpus :* notamment les deux tiers des chapitres du titre de *Polycarpus,* intitulé lui aussi : *De conjugiis et matrimonio et consanguinitate et de separationibus* (livre VI, titre 4), ont passé dans le titre correspondant de notre collection. Je ne cite ces faits qu'à titre d'exemples : il sera facile au

---

[1] J'aurai l'occasion de faire connaître bientôt la collection *Tripartita* qui me paraît avoir exercé une grande influence en France et en Allemagne.

[2] Les analogies des rubriques sont moins fréquentes dans les autres titres, mais on en pourrait encore signaler quelques-unes.

lecteur de contrôler et de compléter mes observations, en se reportant aux indications qui accompagnent les titres analysés ci-dessus. — Enfin, l'analogie se manifeste encore à qui considère le choix des textes de droit romain employés de part et d'autre. M. Hüffer[1] a fait connaître les textes des lois romaines, d'ailleurs très caractéristiques, qui ont été insérés dans le *Polycarpus ;* or, tous ces textes, additionnés d'ailleurs de beaucoup d'autres, se retrouvent dans notre collection.

Ces divers faits suffisent à établir que l'auteur de la collection en trois livres a fait un très large usage du *Polycarpus.* Toutefois ce serait une erreur de dire, comme on l'a supposé[2], que son œuvre est un extrait de *Polycarpus.* Il est certain que l'auteur a eu recours à d'autres collections, notamment à la collection en 74 titres et à celle d'Anselme de Lucques. Sans doute, la plupart des analogies qui existent entre ces deux recueils et notre collection résultent de ce que ces recueils appartiennent à la famille dont est issu *Polycarpus;* ce n'est point par un emprunt direct, mais par l'intermédiaire du *Polycarpus,* que beaucoup des chapitres d'Anselme et de la collection en 74 titres sont parvenus à notre compilateur. Toutefois, il est des chapitres qu'il a dû puiser directement dans l'un ou l'autre de ces deux recueils : cela résulte soit de ce que ces chapitres ne figurent pas dans *Polycarpus,* soit surtout de ce que l'ordre d'après lequel ils sont disposés reflète l'ordre adopté par Anselme, ou par l'auteur de la collection en 74 titres bien plus que l'ordre du *Polycarpus*[3].

---

[1] Ouvrage cité plus haut, p. 394.

[2] Schulte, dans *Centralblatt für Rechtswissenschaft,* V, p. 213 (Compte rendu des publications de M. L. Chiappelli).

[3] Voici pour chacune de ces collections, un exemple de ce fait, emprunté aux titres analysés plus haut.

Au titre *de conjugiis et adulteriis et de consanguinitate,*

Le c. 1	=	Ans., X; 1.
Le c. 2	=	id. 2.
Le c. 3	=	id. 3.

Ces trois fragments se retrouvent aussi dans *Polyc.*, VI, 4 ; 37, 1 et 12. Mais notre compilateur a adopté l'ordre d'Anselme de Lucques ; c'est donc qu'il avait sous les yeux la collection d'Anselme. On pourrait faire la même observation sur

Ce n'est pas seulement aux compilateurs du parti de la Réforme que notre auteur a emprunté des matériaux. Il a lui-même cité, très largement, une œuvre des premières années du XIIe siècle, qui est autre chose qu'une compilation : je veux parler du *Liber de honore Ecclesiæ*, où Placide, moine bénédictin de l'abbaye de Nonantula, expose et défend la théorie grégorienne concernant les investitures[1]. Par là encore, l'auteur de la collection en trois livres se rattache aux écrivains à tendances grégoriennes qui soutenaient la cause de la Réforme.

L'influence des collections françaises s'est exercée sur lui, mais à un degré bien plus faible. Tout ce qu'il est possible d'établir avec certitude, c'est qu'il a transporté dans sa collection un certain nombre de fragments extraits du *Décret* attribué à Yves de Chartres ; encore ces fragments paraîtront-ils très clairsemés, si on en compare le nombre à celui des fragments tirés des collections italiennes[2]. Il est difficile d'établir que notre auteur ait mis en œuvre des matériaux provenant d'autres collections, et notamment qu'il ait utilisé le *Décret* de Burchard, si répandue que fût cette compilation en Italie.

---

les c. 11 et 12, 18 et 19, du même titre de notre collection. Il semble que l'auteur s'y soit fortement rapproché de la collection d'Anselme.

En ce qui touche la collection en 74 titres, l'imitation est frappante dans le titre I du Livre II, *de prælatorum electione*.

Le c. 1	=	*Coll. en 74 titres*, c.	111
Le c. 2	=	id.	112
Le c. 3	=	id.	113
Le c. 4	=	id.	114
Le c. 5	=	id.	117

Dans la collection d'Anselme et de *Polycarpus*, les fragments ne se suivent pas (voir les notes ci-dessus, p. 29). Il est évident que notre auteur se conformait ici à la collection en 74 titres, comme il la suivait encore en rédigeant le début titre IV du livre I, et dans divers autres passages.

1 On trouve au titre de *Simoniacis* (II, 9) analysé plus haut, de nombreux emprunts à Placide de Nonantula. On en trouve aussi parmi les citations du droit romain du titre *de privilegiis ecclesiarum* (II, 28) ; voir plus haut, p. 52.

2 Voici une série de fragments empruntés aux titres analysés plus haut, qui me paraissent provenir du *Décret* d'Yves : Livre II, titre I ; 12, 40 et 46. Livre II ; titre II ; 3, 10, 14 ; Livre III, tit. XI, 25. 83, 96, 97, etc. Voici une autre série de fragments qui sont communs au *Décret* d'Yves et au *Décret* de Burchard et qui ont passé dans notre collection, probablement par le *Décret* d'Yves : Livre II, titre I, 13 et 26 ; Livre II, titre II, 10 ; Livre III, titre XI, 27, 28, 54, 55, 114, 114, 116, etc.

En somme, la collection en trois livres est essentiellement une œuvre qui procède du groupe des collections romaines.

D'ailleurs, l'auteur de cette collection ne s'est pas borné à extraire des textes des collections parues avant lui : il s'est lui-même mis en contact avec les sources, et a tiré, soit des recueils de droit romain, soit surtout des œuvres des Pères, une foule de fragments qu'il a mis dans la circulation. C'est seulement ainsi qu'on peut expliquer la présence, dans beaucoup de ses titres (surtout dans la seconde partie des titres, la première étant plutôt réservée aux extraits de *Polycarpus* et des collections apparentées), d'un grand nombre de *capitula*, dont la présence n'a été signalée dans aucune autre compilation antérieure. Ce travail ne devait pas profiter qu'à la collection en trois livres du manuscrit du Vatican. En effet, beaucoup de ces chapitres reparaissent ensuite dans le *Décret* de Gratien[1], si bien qu'il est difficile de n'en point déduire cette conclusion : La collection en trois livres a été connue de Gratien et utilisée par lui.

3. — La date à laquelle a été composée notre collection peut se déduire de certaines constatations.

Les documents les plus récents qui y figurent appartiennent au pontificat de Pascal II[2] : parmi les décrets de ce Pape qu'elle contient, ceux qui ont une date certaine sont des fragments des décrets du concile romain de 1110. Mais notre collection contient des matériaux, de date postérieure à ce concile, quoique encore contemporains de Pascal II : ce sont les extraits, déjà signalés, du *Liber de honore Ecclesiæ*, de Placide de Nonantula. Il est en effet certain que cet ouvrage a dû être écrit vers la fin de l'année 1111[3], à l'époque où le privilège qui concédait à Henri V les investitures n'avait pas encore été rapporté par le Pape.

---

[1] Voyez dans les titres analysés plus haut, les chapitres suivants : Livre II, titre I, *de prælatorum electione*, 38, 41, 47, 52, 53, 54 ; Livre III, titre XI, *de conjugiis*, 60, 67, 69, 73, 76, 77, 78, 79, 80, 81, 82, 85, 94, 95, 99, 100, 101, 102, 103, 104, 107, à 110.

[2] On a signalé plus haut (p. 38) divers fragments du concile de Latran de 1110 ; et dans le titre *de conjugiis*, un fragment, le dernier, de la lettre de date inconnue écrite par Pascal II à l'évêque de Reggio (J. W., n° 6436).

[3] Cf. la préface de M. Sackur à l'édition du *Liber de honore Ecclesiæ*, dans les *Monumenta Germaniæ, Libelli de lite*, t. II, p. 566.

Or, notre auteur ayant inséré dans son œuvre des extraits du *Liber de honore Ecclesiæ*, il est certain qu'il n'a pu le composer qu'en l'année 1112, au plus tôt. D'ailleurs l'absence de tout document d'une date postérieure, notamment de textes empruntés aux décrétales et aux conciles de Calixte II, prouve que la collection n'a pu être rédigée longtemps après 1112. Il convient donc, à mon sens, d'en placer la rédaction à une date antérieure aux grands événements du pontificat de Calixte II, c'est-à-dire entre 1112 et 1120.

Il n'y a point à tirer d'argument contre cette date du fait que notre collection est nécessairement postérieure à la collection du cardinal Grégoire, connue sous le nom de *Polycarpus*. A coup sûr, le *Polycarpus* date du pontificat de Pascal II ; mais il n'y a aucune raison de le considérer comme rédigé à la fin de ce pontificat[1]. En effet, les deux textes de Pascal II qu'il contient, provenant de la décrétale adressée par Pascal II à l'évêque de Reggio, peuvent être datés du mois d'avril d'une année quelconque entre 1100 et 1115[2]; rien ne s'oppose donc à ce qu'ils appartiennent aux premières années de cette période. D'autre part, l'auteur du *Polycarpus*, le cardinal Grégoire de S. Chrysogone, apparait pour la dernière fois dans la souscription d'une bulle du 15 février 1113[3]; le 8 juin 1114, le titre de S. Chry-

---

[1] Les textes du temps de Calixte II qui se trouvent dans le manuscrit de *Polycarpus*, Bibl. Nat., Latin, 3881, au cours du Livre VIII proviennent certainement d'une interpolation, comme Hüffer (*Beiträge zur Geschichte der Quellen des Kirchenrechts*, p. 83) l'avait déjà fait remarquer. Il faut aussi reconnaître qu'aucune décrétale de Calixte II ne se trouve dans le Livre III, titre 9 ; ceci est vrai même du Vatic. 1354 où les Ballerini (*de antiq. coll.*, Pars IV, c. XVII, § 1) ont cru à tort en rencontrer une. On trouve en revanche dans *Polyc.* deux textes de Pascal II sans date certaine (VI, 4, 51, et VI, 6, 3 : *Porro duorum* et *Post susceptum*, cf. J. W., n° 6436 ; extraits de la lettre à l'évêque de Reggio). De plus, on rencontre au cours du Livre VI, dans le manuscrit Vatic. 1354 fol. 141 (ce parait être une particularité de quelques manuscrits) une bulle non datée que je crois inédite de Pascal II, adressée à l'évêque de Maguelone Gautier (Gautier de Lille, 1104-1128), que le pape charge de recouvrer le cens dû à l'Église romaine par les héritiers du comte de Substantion : ut predecessoris nostri sancte memorie Urbani scripta testantur... Cette bulle figure aussi dans le manuscrit du Vatican, Reg. 1026, mais non dans le Reg. 987, non plus que dans le manuscrit de Paris, Latin, 3881. Sur le cens du comté de Substantion, cf. Paul Fabre, *Étude sur le Liber censuum de l'Église romaine*, pp. 117 et ss.

[2] J. W., n° 6436.

[3] *Ibid.*, p. 702.

sogone est rempli par un cardinal du nom de Thierry [1], d'où l'on peut conclure que Grégoire, dont on ne retrouve plus de trace, a dû mourir vers la fin de 1113. Donc le *Polycarpus* date au plus tard de 1112 ou du début de 1113. Eût-il été rédigé à cette époque, il serait encore légitime de le considérer comme antérieur à notre collection, dont nous savons seulement par les observations résumées plus haut qu'elle a dû être rédigée entre 1112 et 1120. Mais il y a mieux : de graves indices permettent de reporter plus haut la date de *Polycarpus*. D'abord il est peu probable que le cardinal Grégoire n'ait composé son recueil qu'en 1112 ou 1113, c'est-à-dire en un temps où, arrivé à l'apogée de sa carrière, il touchait au terme de sa vie. D'ailleurs, un mot de la dédicace [2] placée par Grégoire en tête du *Polycarpus* et adressée à l'évêque de Compostelle, fournit une indication qui permet de déduire la date de la composition du *Polycarpus*. Le livre est présenté : *domino Didaco... pontificali infula digne decorato*. Or, en 1104, Diego Gelmirez [3], évêque de Compostelle, avait reçu du pape la concession du *pallium*, ornement qui n'appartient pas de droit aux évêques et auquel le mot *infula* convient parfaitement. Le *Polycarpus* semble donc avoir été rédigé après que Diego eut reçu le *pallium*, c'est-à dire après 1104, mais à une époque où cette concession honorifique était encore présente à la mémoire des Romains. En somme, le *Polycarpus* me semble avoir été composé entre 1104 et 1113, mais plutôt vers 1104, et notre collection entre 1112 et 1120, mais plutôt vers 1112.

4. — Des observations consignées dans les pages qui précèdent, il résulte que notre collection, intimement liée aux recueils romains, a été mise au jour en Italie, sans doute dans l'Italie centrale. Nous ne possédons aucun renseignement positif sur la personne de l'auteur ; ce qui est certain, c'est qu'il était versé dans les choses du droit, non seulement ecclésiastique, mais encore civil. Il ne se contente pas des fragments de droit romain qu'il trouve dans *Polycarpus ;* il en ajoute lui-même,

---

[1] Pflugk-Harttung, *Acta Pontificum Romanorum inedita*, t. II, p. 208 (Confirmation des biens de l'évêché de Nice) ; J. W., n° 6391.

[2] Voir le texte de cette dédicace dans l'œuvre des Ballerini, *de antiq. collect.* Pars IV, c. XVII, § 3, et dans Hüffer, *op. cit.*, pp. 75-76.

[3] Voir sur Diego Gelmirez, Florez, *Espana sagrada*, t. XX, *passim* ; sur la concession du pallium (31 octobre 1104) cf. J. W., n° 5986.

qu'il emprunte aux divers recueils de textes romains[1]; bien plus, il reproduit une formule de serment *de calumnia* tirée d'une constitution apocryphe de Justinien. Qu'il fut d'ailleurs favorable aux principes de la réforme ecclésiastique et hostile au parti impérial, c'est un point dont la simple inspection des rubriques des titres suffirait à convaincre le lecteur. Il me paraît que c'est là tout ce qu'il est permis d'affirmer de lui sans s'exposer justement au reproche de témérité.

En résumé :

1° La collection en trois livres est une œuvre originale pour une part, et dépend pour une part des collections du groupe romain, notamment du *Polycarpus;*

2° Elle a pour patrie l'Italie centrale;

3° Elle doit avoir été composée entre 1112 et 1120;

4° Elle appartient ainsi à l'œuvre des canonistes de la génération qui a immédiatement précédé Gratien, à qui elle paraît avoir fourni un certain nombre de matériaux.

---

[1] Voir la liste des textes de droit romain établie plus haut.

DEUXIÈME PARTIE

LA COLLECTION EN NEUF LIVRES

Depuis longtemps on a signalé l'existence d'une collection canonique en neuf livres contenue dans le manuscrit C 118 de l'*Archivio* de la Basilique Vaticane[1]. Admis en 1891 par la gracieuse libéralité de Mgr della Volpe, chanoine de Saint-Pierre, préposé à la garde de l'*Archivio*, à poursuivre mes études dans ce vénérable dépôt, j'ai recueilli sur ce manuscrit un certain nombre d'observations qu'il paraît utile de communiquer ici. Si je ne me trompe, l'utilité de cette communication sera d'autant plus appréciable que les rares informations qui ont circulé jusqu'ici sur ce manuscrit doivent être considérées comme inexactes ; notamment personne ne s'est avisé de constater les liens étroits qui unissent la collection de Saint-Pierre à la collection en trois livres étudiée ci-dessus.

Le manuscrit est de grand format et comprend 125 feuillets, dont 122 sont occupés par la collection canonique[2]; il date de la première moitié du XIIe siècle. La collection qu'il contient n'est point un tout définitivement arrêté ; le scribe a pris soin en effet de laisser après chaque titre des blancs destinés à recevoir les additions qui y seraient faites postérieurement ; ces additions ont été faites très inégalement, si bien qu'en beaucoup de pages les blancs n'ont pas été remplis.

Le manuscrit de la Basilique Vaticane fut autrefois considéré comme un exemplaire de la célèbre collection d'Anselme de Lucques.

---

[1] Cf. Theiner, *Disquisitiones criticæ in præcipuas canonum seu decretalium collectiones* (Rome, 1836, in-4°), p. 383.

[2] On trouve sur les feuillets 123 à 125 divers fragments, notamment une table partielle des métropoles et des cités, et une formule de serment : Ego ille episcopus ab hac hora in antea fidelis ero sancto Petro sancteque apostolice Romane ecclesie....

Sans doute les Ballerini[1], et après eux Theiner, ont écarté définitivement cette opinion qui ne pouvait se fonder que sur une observation très superficielle du manuscrit. Malheureusement Theiner y substitua une opinion non moins erronée : à l'entendre, la collection de Saint-Pierre serait surtout extraite du recueil d'Anselme de Lucques[2]. Cette seconde conclusion procède elle-même d'une étude très incomplète du manuscrit ; on verra plus loin que la première moitié du Ier livre est la seule des portions importantes de notre collection qui dépende étroitement de l'œuvre d'Anselme.

Non seulement Theiner s'est mépris sur la nature de la collection de Saint-Pierre, il a commis, en ce qui touche cette collection, une autre méprise non moins grave. Afin d'en faire connaître le contenu, il a entrepris de dresser la liste des rubriques qu'il a trouvées en tête des chapitres dont sont formés les divers titres de la collection ; or, les listes publiées par lui sont telles qu'elles donnent de la collection de Saint-Pierre une idée absolument fausse. En effet, les neuf livres de la collection (à l'exception de la première partie du livre I) sont répartis en titres entre lesquels les chapitres sont distribués en nombre d'ailleurs très inégal ; le contenu de chaque titre est indiqué par une rubrique. Le scribe qui, comme on l'a dit plus haut, n'a pas mis la dernière main au manuscrit, a laissé souvent en blanc l'espace destiné à recevoir ces rubriques dans le texte ; en revanche, il les a presque toujours transcrites en titre courant. Or, Theiner ne paraît pas s'être douté de l'existence de cette division en titres ; aussi a-t-il négligé le moyen, qui s'offrait à lui, de la reconstituer par l'observation des titres courants. Cependant ce travail est facile ; bien plus, il est possible de retrouver le commencement et la fin de chaque titre tant par l'observation des initiales et des blancs laissés pour recevoir les rubriques que par celle des changements des matières traitées dans les séries de chapitres. Faute d'y avoir prêté attention, Theiner a méconnu le plan général de la collection qu'il se proposait d'étudier[3].

---

[1] Ballerini, *De antiq. collect.*, Pars IV, cap. XIV, c. 8.

[2] « Universa etenim ex Anselmi opere excerpta est », dit Theiner, *op. cit.*, p. 383. J'ajoute que, p. 385, il tempère cette proposition, d'ailleurs absolument inexacte.

[3] Je dois ajouter que les renseignements de détail donnés par Theiner ne sont pas toujours exacts. A la page 385, note 3, Theiner cite, d'après le manuscrit de

A la vérité, s'il négligea la division en titres et les rubriques des titres, Theiner se préoccupa des rubriques spéciales aux chapitres qui forment les éléments de ces titres ; il crut utile de les recueillir et d'en publier la liste. Mais il s'en faut de beaucoup qu'il ait ainsi donné une table exacte du manuscrit. En effet, une foule de chapitres sont dépourvus de rubriques, si bien qu'après un chapitre précédé d'une rubrique, il peut s'en trouver vingt ou trente qui en manquent ; aucune mention ne les représénte dans la table dressée par Theiner. C'est ainsi que le livre II, pour lequel Theiner imprime 45 rubriques de chapitres, compte en réalité 140 fragments. Remarquez que l'objet traité dans les chapitres dépourvus de rubriques particulières ne répond point nécessairement à la matière traitée dans le dernier chapitre précédé d'une rubrique, et que par conséquent cette rubrique ne peut être considérée comme s'étendant à tous les fragments qui la suivent jusqu'à la prochaine rubrique. Il en résulte clairement que l'ensemble des rubriques imprimées par Theiner ne peut être considéré comme un résumé des matières traitées par l'auteur de la collection.

Il convient d'ajouter que la division en livres n'est pas toujours indiquée exactement par les tables de Theiner et que la rubrique générale imprimée par lui en tête de chaque livre, comme convenant à tout le livre, n'est que la rubrique du premier titre ou du premier chapitre muni d'une rubrique. Ces observations suffisent pour démontrer que les listes de Theiner ne peuvent servir qu'à répandre des notions erronées, soit sur le plan, soit sur le contenu de la collection conservée par le manuscrit C, 118.

Ayant restitué à chaque titre sa rubrique d'après les indications du manuscrit et reconstitué l'ordre des titres, j'ai pu constater que la collection de Saint-Pierre est généralement conforme à la collection en trois livres des manuscrits 3831 du Vatican et 109 du chapitre de Pistoie, étudiée dans les pages qui précèdent. Toutefois la première

---

Saint-Pierre, un canon provenant de la *Sancta hybernensis synodus cui præfuit Leo S. R. ecclesiæ episcopus, tempore Caroli regis Francorum*; il déclare n'avoir pu trouver ce texte dans aucune autre collection. Or, le même fragment figure dans *Polycarpus*, IV, 41, 13, et dans les additions qui se retrouvent dans certains manuscrits d'Anselme de Lucques, notamment dans le manuscrit de Naples, Biblioteca Nazionale, XII, A, 27, à la fin du livre VIII. Cf. la note de M. Friedberg sur D. 85, c. 5.

partie du Ier livre, procédant directement d'Anselme de Lucques, est indépendante de cette collection ; je l'étudierai dans un premier chapitre. Le second sera consacré à étudier le plan général de la collection de Saint-Pierre et à en montrer l'analogie avec le plan de la collection en trois livres. Dans le troisième chapitre, il sera traité de la composition des parties qui se répondent dans les deux collections. Enfin un quatrième chapitre sera réservé à la recherche de la date et de la patrie de la collection de Saint-Pierre.

CHAPITRE Ier

LE DÉBUT DU Ier LIVRE DE LA COLLECTION

Les premiers titres de la collection en trois livres ne se retrouvent pas dans la collection de Saint-Pierre. Ils y sont remplacés par une série de chapitres, non divisée en titres, dont la provenance peut être établie. C'est une série de 67 chapitres extraits du Livre Ier de la collection d'Anselme de Lucques et traitant, comme tous les fragments du Ier livre d'Anselme, de la primatie de l'Église Romaine. Ce sujet était, à la vérité, traité dans les premiers titres de la collection en trois livres ; mais l'auteur de la collection en neuf livres a cru préférable de ne point suivre ici la collection qui devait être son guide habituel pour s'en rapporter à Anselme de Lucques, dont l'œuvre était alors très répandue en Italie. Il n'est pas inutile de faire remarquer que l'étroite analogie existant entre le début de la collection de Saint-Pierre et le Ier livre d'Anselme n'a pas peu contribué à induire en erreur les observateurs superficiels qui ont vu dans le manuscrit de la Basilique Vaticane un exemplaire de la collection de l'évêque de Lucques ou même une forme abrégée de cette collection[1].

Voici quelques indications relatives à la série des 68 chapitres

---

[1] Une étude plus attentive aurait épargné cette erreur à ceux qui l'ont commise. Ils auraient aussi mauvaise grâce à invoquer le titre : *Anselmi decretum*, qu'une main très postérieure a apposé sur le manuscrit.

tirés d'Anselme par lesquels s'ouvre notre collection. Je ferai connaître d'abord la rubrique et l'*incipit* des dix premiers[1].

De potestate et primatu Apostolice sedis.

1. — (Theiner, 1). Ex epistola Clementis pape. Quod in novo Testamento post Christum Dominum (à Petro) sacerdotalis cepit ordo. (In novo) Testamento post Christum Dominum nostrum à Petro sacerdotalis cepit ordo, quia ipsi... (Anselme, I, 1).

2. — Sacrosancta Romana et Apostolica ecclesia, non ab Apostolis... (Ans., I, 2).

3. — (Theiner, 2). Ubi Petrus beatus concessum sibi jus ligandi atque solvendi in suos transponit successores. Clemens Jacobo fratri. Ipsi trado à Domino... (Ans., I, 3).

4. — (Theiner, 3). Quod prepositi non leduntur dum a fratribus pro rigore justitie odio habeantur, imo magis amor Dei illis conciliatur. Ex epistola Clementis pape. Si te multi ex fratribus propter rigorem justitie... (Ans., I, 4).

5. — (Theiner, 4). Quod Christum non recipit qui Papam contristaverit. Ex eadem. Sed et vos, fratres karissimi... (Ans., I, 5).

6. — (Theiner, 5). Quod Christus sancto Petro concessit volentibus Apostolis ut primus esset inter illos. Anacletus papa. Inter beatos Apostolos quedam fuit discretio... (Ans., I, 7).

7. — (Theiner, 6). Quod nec loqui debemus cui Papa non loquitur. Ex eadem. Si ipse inimicus est alicui .. (Ans., I, 6).

8. — (Theiner, 7). Quod ad formam Apostolorum facta est quedam distinctio episcoporum, quibus tamen omnibus beati Petri sedes preminet. Julius papa. Quoniam inter beatissimos Apostolos in similitudine honoris... (Ans., I, 8).

9. — (Theiner, 8). Quod super unum, id est Petrum, edificavit Dominus ecclesiam. Vigilius papa... dilectissimo fratri Eutero coepiscopo. Nulli vel tenuiter scienti... (Ans., I, 9).

---

[1] La mention entre parenthèses (Theiner, 1, etc.) renvoie au numéro de la rubrique dans la liste de rubriques dressée par Theiner. Ces rubriques sont reproduites d'après Theiner : elles proviennent d'ailleurs, en général, de la collection d'Anselme de Lucques pour les chapitres tirés de cette collection. Les renvois aux chapitres d'Anselme sont faits d'après les manuscrits du Vatican, 1364 et 6381.

10. — (Theiner, 9). Quod ecclesia Romana omnibus preest ecclesiis, sicut beato Petro datum est preeminere ceteris ecclesiis (Apostolis?). Ex epistola Cypriani. Loquitur Dominus ad Petrum... (Ans., I, 10).

Les fragments qui suivent sont les chapitres 11 à 30, 32, 34, 36, 38 à 50, 52 à 55, 58, 59, 62, 63, 65, 66, 68, 71, 72, 73, 75 à 80 du Ier livre de la collection d'Anselme de Lucques, reproduits dans l'ordre qui vient d'être indiqué. Je me borne à donner l'*incipit* des six derniers :

63. — (Theiner, 56). Quod Stephanus papa Pipinum in regnum provehit et antecessorem ejus regem totondit et in monasterio conscripsit, illum vero sacramento rei commisso absolvit. Ex Ystoria Anastasii. Stephanus papa, vi pressus et crudelitate Aistulfi... (Ans., I, 76).

64. — (Rubrique omise par Theiner). Item quam magnam obedientiam et humilitatem rex Pipinus Stephano pape exhibuit. Item, ex Pontificali. Stephanus, natione Romanus... (Ans., I, 77).

65. — Johannes papa. Et quia pridem Apostolice... (Ans., I, 78).

66. — Johannes episcopus Carolo regi inter cetera. Quando, sicut Domino placuit, Luduicus gloriosus imperator defunctus est.... (Ans., I, 79).

67. — Gregorius servus servorum Dei H(ermanno) Metensi episcopo. Quod autem postulasti te tanquam scriptis... (I, 78).

Et post pauca. Et de multis pauca...

Et post quasdam interpositiones. Quod si beatus Gregorius, doctor utique... (Ans., I, 80).

68. — Ex Pontificali. Adrianus natione Romanus, ... direxit litteras... Carolo regi.... (Ans., I, 81).

En somme, l'auteur de la collection Saint-Pierre a composé cette première partie de 68 chapitres empruntés aux 81 premiers chapitres du livre Ier d'Anselme : il les a rangés, en général, suivant l'ordre d'après lequel il les avait relevés dans l'œuvre d'Anselme.

CHAPITRE II

LE PLAN DE LA COLLECTION DE SAINT-PIERRE

A partir du chapitre 68 du Livre Ier, les extraits d'Anselme de Lucques prennent fin. L'auteur de la collection de Saint-Pierre a commencé alors de prendre pour guide la collection en trois livres. Cette collection en trois livres s'ouvrait, elle aussi, par une série de titres consacrés à la primatie et aux privilèges du siège Romain. L'auteur, qui avait extrait Anselme sur ce sujet, a jugé inutile de reproduire *in extenso* les douze premiers titres de la collection en trois livres, sans doute pour ne pas faire double emploi avec les fragments tirés d'Anselme; mais il y a puisé trente-deux chapitres, non compris dans les citations faites par lui d'Anselme. Ces chapitres, auxquels l'auteur attribuait sans doute une importance particulière, ont été placés par lui à la suite des 68 chapitres empruntés à Anselme. Voici l'*incipit* des dix premiers :

69. — Alexander episcopus omnibus orthodoxis. Relatum est ad hujus sancte et apostolice sedis apicem... (Collection en trois livres, livre I, titre 1, c. 3)[1].

70. — Simachus papa. Propter frequentes... (titre 4, c. 2)[2].

71. — Victor Honorius inclitus triumphator... Bonifacio pape... Scripta Beatitudinis tue... (titre 4, c. 5)[3].

72, — Ex concilio Stephani pape sub anathematis interdicto. Nullus umquam laicorum neque ex alio ordine presumat.... (titre 4, c. 6)[4].

73. — Ex concilio Leonis IIII. Si quis ex sacerdotibus.... (titre 4, c. 9)[5].

---

[1] Voir plus haut, page 23.
[2] Voir plus haut, page 25.
[3] Voir plus haut, page 25.
[4] Voir plus haut, page 26.
[5] Voir plus haut, page 26.

74. — Bonifacius III, natione Romanus, fecit constitutum.... (titre 4, c. 10)[1].

75. — Nicholaus junior. Si quis pecunia vel gratia.... (titre 4, c. 11)[2].

76. — Ex constitutionibus primi Ottonis et primi Henrici. In electione Romanorum pontificum neque servus neque liber.... (titre 4, c. 16)[3].

77. — Sixtus... Fratres quos timore terreno...[4].

78. — Gelasius.... Nec illa pretermittimus que Apostolice sedi....[5].

. . . .

Les derniers chapitres de cette série sont :

95. — (Theiner, 63). Ut episcopi ad comitatum non vadant absque licentia Pape. Gelasius Elpidio Vulterano episcopo. Quo ausu, quà temeritate.... (titre 10, c. 10)[6].

96. — (Theiner, 64). Ut nullus decreta sedis Apostolice temerare presumat. Hylarius. Nulli fas sit sine status sui periculo... (titre 10, c. 11)[7].

97. — (Theiner, 65). Ut in re dubia ad fidem ecclesie Romane recurratur Aug. in libro contrà Manicheos. Palam est quod in re dubia... (titre 10, c. 12)[8].

98. — (Theiner, 66). Ut nec nominetur concilium quod sine consensu Pape congregatur. Pelagius... Relatum est ad Apostolicam sedem Johannem Constantinopolitanum... (titre 11, c. 1)[9].

99. — (Theiner, 67). Ut absque Apostolica sede nec concilium celebretur nec episcopi damnentur. Julius Orientalibus episcopis. Vellem enim vos... (titre 11, c. 3)[10].

---

1 Voir plus haut, page 26.
2 Voir plus haut, page 26.
3 Voir plus haut, page 26.
4 Ps. Sixte II, c. 7; C. 9, Q. 3, c. 19.
5 Gélase aux évêques de Dardanie; Hinschius, p. 643.
6 Jaffé-Wattenbach, n° 735 (extrait); cf. C. 23, Q. 8, c. 26.
7 Synode du pape S. Hilaire, c. 1. Hinschius, p. 630; cf. C. 25, Q. 1, c. 4.
8 *Contrà Faustum Manichæum*, XI, 2; cf. D. 11, c. 9.
9 Ps. Pélage II; Hinschius, p. 721.
10 Ps. Jules, c. 11; Hinschius, p. 465.

Viennent ensuite deux chapitres qui paraissent étrangers à la collection en trois livres.

100. — Osius episcopus dixit : Importunitates... [1].

101. — Gaudentius episcopus dixit : Ea que salubriter... [2].

C'est à ce point seulement que la collection de Saint-Pierre prend le plan et l'ordonnance de la collection en trois livres. Désormais on y retrouvera les titres de cette collection, avec des rubriques à peu près identiques, et, comme on le verra plus loin, une composition fort semblable. — L'analogie s'établit au début du titre *De episcopis non damnandis vel ordinandis nisi auctoritate Pape.* (Collection en trois livres, I, 13.) Ce titre commence de part et d'autre par le même chapitre : Victor.... Theophilo : Ad apostolicam relatum est sedem ea vos judicare... [3].

Il est suivi, dans la collection de Saint-Pierre, des titres suivants, analogues à ceux qui terminent le premier livre de la collection en trois livres (l'ordre est le même dans les deux collections) :

De dubiis causis ad sedem Apostolicam referendis (Collection en trois livres, I, 14).

De novis ecclesiis auctoritate apostolica consecrandis. (I, 15).

De violatoribus canonum (I. 16).

De institutis ecclesiasticis pro tempore moderandis (I, 17).

La rubrique du dernier titre fait défaut ; mais on trouve après un blanc la composition de ce titre, telle qu'elle se présente dans le manuscrit de Pistoie, sans les textes supplémentaires du droit romain qui caractérisent le manuscrit du Vatican [4]. — Nous sommes donc en droit de rendre à ce titre la rubrique qui lui manque et qui devait être ainsi conçue :

De ordinatione Romane ecclesie et de subreptione Romani pontificis (I, 18).

En résumé, le premier livre de la collection de Saint-Pierre dépend de la collection d'Anselme jusqu'au chapitre 68, et, depuis ce chapitre, du premier livre de la collection en trois livres. Les chapitres

---

[1] C. Sardique, c. 8 ; cf. Ans. II, 150.

[2] C. Sardique, c. 11 ; cf. Ans. II, 151.

[3] Voir plus haut page 28, note 3.

[4] Voir plus haut, page 28.

69 à 101 sont un extrait des douze premiers titres ; les chapitres 101 et suivants reproduisent les six derniers titres de ce livre.

Le livre II de la collection de Saint-Pierre correspond exactement aux sept premiers titres du livre II de la collection en trois livres. Voici les rubriques des titres de la collection en neuf livres, où, malgré de légères différences, on reconnaîtra les rubriques de la collection en trois livres :

1. — De prelatorum electione (collection en trois livres, II, 1).

2. — De prelatorum ordinatione (II, 2).

3. — De ordinatione sacerdotum et de tempore ordinationis (II, 3).

4. — De reordinatione (II, 4).

5. — De mutatione episcoporum et clericorum, et ne episcopus in alienâ civitate vel parochia aliquos ordinet (II, 5).

6. — De metropolitanorum mensura (II, 6).

7. — Ne quis universalis appelletur, et quantum provincia optinere debeat (II, 7).

Le livre III de la collection de Saint-Pierre présente à la fois des analogies et des différences avec la portion correspondante (livre II, titres VIII, IX et X) de la collection en trois livres. A raison des différences assez sensibles qu'il est facile de constater, je crois utile de donner ici la liste des titres de ce livre III, avec l'indication des premiers et derniers chapitres de chaque titre.

I. — *De consecrandis ecclesiis et earum ritibus et sacramentis* (II, 8).

1. — Si motum fuerit altare....[1]

2. — Johannes papa. Ecclesias Arrianorum....

3. — Vigilius papa. De fabricà vero....

21. — Paschalis II. Sunt quidam qui vel violentia vel favore....[2]

---

[1] Pour le début, l'analogie est parfaite avec le titre correspondant (II, 8) de la collection en trois livres. Les trois fragments cités ici se trouvent dans D. 1, *de cons.*, c. 19, 21, 24.

[2] Fragment de Pascal II, sans date certaine : 1099-1118. Cf. J. W., n° 6606, et C. 1, Q. 1, c. 125.

II. — *De fundatoribus vel dedicatoribus ecclesiarum.*

1. — Nicholaus. Si quis episcoporum in aliene civitatis dampno....[1]
2. — Tolletano IIII°. Quicumque ergo fidelium de facultatibus suis....[2]
9. — Ex concilio Magotiensi. Quicumque beneficium ecclesiasticum habens....[3]

III. — *De rebus ecclesiarum et earum invasoribus, furibus, raptoribus et de earum alienatione.*

1. — Melchiades. Futuram ecclesiam agentibus apostoli previdebant...[4]
2. — Calixtus. Videntes autem summi sacerdotes...[5]
53. — Johannes papa. Quisquis inventus fuerit reus sacrilegii....[6]
54. — D'une autre écriture : Ex Tollet. Concilio : Constitutum est à presenti concilio episcopos dioceses suas....[7]

IV. — *De decimis et quid de eis fiat.*

1. — Augustinus. Decime tributa sunt egentium animarum...[8]
2. — Anastasius papa. Statuimus ut si quis oblationes ecclesie...[9]
17. — (Theiner, 52). Quod consensu Apostolici sive (Theiner, *sui*) proprii episcopi licet abbati vel monacho decimas detinere. Ut nullus abbas vel monachus decimas et reliqua que sunt statuta canonum...[10]

---

[1] Sur ce canon, dont l'attribution est erronée, voir C. 16, Q. 5, c. 1, et la note de M. Friedberg.

[2] Cf. C. 16, Q. 7, c. 30.

[3] Provient de Burchard, III, 30.

[4] Ps. Melchiade, *de primitiva ecclesia*, c. 9 ; C. 12, Q. 1, c. 15.

[5] Ps. Urbain, c. 2 ; C. 12, Q. 1, c. 16.

[6] Jean VIII ; cf. C. 17, Q. 4, c. 21.

[7] 4° Concile de Tolède, c. 33 : cf. C. 16, Q. 1, c. 60.

[8] Sermon douteux de S. Augustin, 277 dans l'édition des Bénédictins ; cf. C. 16, Q. 1, c. 66.

[9] L'attribution à Anastase, qui a passé dans le *Décret* de Gratien, est douteuse : cf. C. 16, Q. 1, c. 55 et la note de M. Friedberg.

[10] C. 8 du concile tenu à Rome par Grégoire VII en 1078 ; cf. Ans., V, 52.

18. — Quicumque beneficium ecclesiasticum.....[1]

19. — Augustinus in libro de Civitate Dei. Legitime decime atque primitie...

V. — *De simonia et investituris ecclesiarum* (II, 9).

1. — En tête d'une autre écriture : un extrait des *Actes des Apôtres* : Cum vidisset Simon[2].

2. — Ut quicquid in ecclesia pro pecunia gestum fuerit irritum habeatur et quod ordinati à Simoniacis nescienter misericorditer suscipiantur. Ejusdem. Quicumque sane cupiditate parentum...[3]

28. — Urbanus II..... preposito S. Vincentii apud Ticinum. Salvator predicat in Evangelio... Data Rome[4].

(Suivent deux chapitres ajoutés par une autre main.)

VI. — *Ut episcopus sacrificam testes habeat et de missarum celebratione* (II, 10).

1. — Anacletus.. Episcopus Deo sacrificans....[5]

2. — De septem diaconis in unaquaque civitate habendis. Evaristus. Diaconi qui quasi oculi...[6]

15. — Ut missa ab eo à quo incipitur peragatur. Ejusdem (Zacharie). Ut episcopus aut presbiter dum ingressus fuerit....[7]

Puis, d'une autre écriture : Nullus missam audiat presbiteri quem scit indubitanter concubinam habere.... Alexander papa II. Preter hec autem precipiendo mandamus ut nullus missam audiat presbiteri....[8]

---

[1] Probablement le texte déjà cité à la page 78, note 3 ; cf. Burchard III, 30.

[2] *Act. apostol.*, IX, 18 et ss.

[3] Concile de Plaisance sous Urbain II, c. 5.

[4] Cf. J. W., n° 5743.

[5] Ps. Anaclet, c. 10.

[6] Ps. Évariste, fin du c. 1.

[7] Concile romain du pape Zacharie, an 743, 13 et 14 ; cf. D. 1, de cons., c. 57, et les notes de M. Friedberg.

[8] Alexandre II, au Concile romain de 1063, c. 3 : cf. D. 32, c. 6.

VII. — *De corpore et sanguine Domini.*

1. — Clemens. Tanta in altario certe...[1]
2. — Silvester papa. Sacrificium altaris non in serico panno....[2]
21. — Polluimus panem, scilicet corpus Christi, cum indigni....
22. — (Écriture plus récente). Augustinus, de libro L IIII regul. fidei. In Eucharistia non debet aqua pura offerri....... expressum ostendit[3].

Il suffit de comparer cette liste à celle des titres de la collection en trois livres, donnée plus haut, pour constater des différences. En effet :

1° La matière des biens ecclésiastiques concentrée dans le titre VIII du Livre II de la collection en trois livres, *de ecclesiis sacrandis et ritibus et sacramentis earum*, qui comprend 84 chapitres, est ici répartie en quatre titres (I, II, III et IV du livre III), qui comprennent respectivement 21, 9, 55 et 19 chapitres. Les principaux éléments du titre unique de la collection en trois livres consacrée à cette matière ont évidemment passé dans les quatre titres de la collection de Saint-Pierre ; mais ces titres contiennent aussi d'autres éléments.

2° Le VIIe et dernier titre, *De corpore et sanguine Domini*, n'a point d'analogue dans la collection en trois titres. Il ne provient pas non plus du titre analogue de *Polycarpus*.

En somme, l'auteur de notre collection a substitué ici un cadre plus large, à celui que lui offrait la collection en trois livres et a accueilli dans ce cadre nouveau des éléments étrangers à la collection qui lui servait de modèle.

Le livre IV de la collection Saint-Pierre est ordonné d'après le livre II (titres XI-XXIV) de la collection en trois livres, comme le prouve la liste suivante, où sont indiquées les rubriques des titres de ce livre IV :

---

[1] Ps. Clément, c. 45.
[2] Synode de ps. Sylvestre, c. 6 ; Hinschius, p. 450.
[3] Cf. avec une autre attribution, Burchard, V, 2.

1. — De sedibus episcoporum et de auctoritate predicationis (collection en trois livres, II, 11).
2. — De sacerdotali juramento (II, 12).
3. — De episcoporum successoribus (II, 13).
4. — Quibus sacri ordines tribuendi, quibus negandi (II, 14).
5. — De incardinandis eorumque testamento (II, 15).
6. — De membrorum truncatione (II, 16).
7. — De munditia sacerdotum (II, 17).
8. — De clericorum lapsu et de restitutione (II, 18).
9. — De actione (sanctificatione?) clericorum (II, 19).
10. — De cupiditate clericorum (II, 20).
11. — Ne quis invitus ordinetur (II, 21).
12. — De correctione (II, 22).
13. — De portionibus ecclesiastice oblationis (II, 23).
14. — De obedientia ergà episcopos et de conspirantibus (II, 24).

Les sept titres du livre V de la collection Saint-Pierre répondent aussi aux titres XXV à XXXI du livre II de la collection en trois livres. Comme dans les livres II et IV, les rubriques des titres sont les mêmes dans les deux collections. On en jugera par la liste suivante :

1. — De excommunicatione (II, 25).
2. — De excommunicantibus (II, 26).
3. — De privilegiis ecclesiarum (II, 27).
4. — De privilegiis monasteriorum (II, 28).
5. — De monachis (II, 29).
6. — De virginibus (II, 30).
7. — De prescriptione et integritate locorum servanda (II, 31).

Cette observation peut être répétée pour le livre VI dont les trois titres correspondent aux trois derniers titres (XXXII à XXXV) du livre II de la collection en trois livres.

1. — De accusatione et circumstantiis (II, 32).
2. — De judiciis et judicibus (II, 33).
3. — De scripturis autenticis et apocrifis (II, 34).

Le livre VII de Saint-Pierre reproduit le début du livre III de la collection en trois livres, du titre I au titre X inclusivement.

1. — De unitate ecclesie (III, 1).
2. — De hereticis et scismaticis (III, 2 et 3).
3. — De his qui sacrificant ritu paganorum (III, 4).
4. — De incantatoribus et qui magos consulunt (III, 5).
5. — De Judeis (III, 6).
6. — De baptismo et manus impositione (III, 7).
7. — De jejunio (III, 8).
8. — De consuetudine (III, 9).
9. — De observatione circà mortuos (III, 10).

Pour composer son livre VIII, l'auteur de la collection de Saint-Pierre a emprunté les quatre titres suivants de la collection en trois livres :

1. — De conjugio et adulterio et consanguinitate (III, 11).
2. — De diversa fornicatione (III, 12).
3. — De varietate homicidiorum (III, 13).
4. — De juramentis (III, 14).

Le livre IX correspond au livre III de la collection en trois livres, depuis le titre XV jusqu'au titre XIX et dernier, *de penitentia*.

1. — De raptoribus et furibus (III, 15).
2. — De puniendis malis (III, 16).
3. — De tollerandis vel fugiendis vel impugnandis malis (III, 17).
4. — De persequendis vel depredandis hostibus (III, 18).
5. — De penitentia (III, 19).

Puis je rencontre encore des titres portant les rubriques suivantes, identiques à quelques-unes des rubriques appartenant à la série non ordonnée qui se trouve à la fin de la collection en trois livres dans le manuscrit du Vatican :

De justa et injusta misericordia.
De persequentibus sacerdotes.
De cruce et imagine.
De reconciliatione excommunicatorum.

Les constatations dont le résultat vient d'être indiqué prouvent surabondamment que la collection de Saint-Pierre, depuis le chapitre 68 du livre I, est ordonnée d'après le plan de la collection en trois livres. Cependant des différences entre les deux collections se manifestent par ces deux faits que la collection de Saint-Pierre comprend neuf livres au lieu de trois, et que la répartition en titres du troisième livre s'écarte sensiblement de la série des titres correspondants de la collection en trois livres.

CHAPITRE III

LES ÉLÉMENTS DE LA COLLECTION DE SAINT-PIERRE

Pour nous rendre compte de l'analogie qui existe entre les éléments qui composent les titres de la collection de Saint-Pierre et ceux dont est faite la collection en trois livres, il conviendrait d'établir une comparaison entre les titres correspondants de chacune des collections. Mais une telle comparaison dépasserait les limites du présent travail, aussi ne la ferai-je que pour un certain nombre de titres choisis comme échantillons.

1° Le titre XIV, livre I de Saint-Pierre, a la même composition que le titre XIV, livre I de la collection en trois livres, avec cette différence que la collection Saint-Pierre contient deux chapitres en plus, à savoir :

Ut difficiliora judicia ad sacerdotes remittantur (Ex libro Deuteronomii) : Si difficile et ambiguum...[1].

Et, ajouté après coup : Leo episcopus Anastasio episcopo : De persona autem consecrandi episcopi...[2].

2° Le titre XVII, livre I de Saint-Pierre, *de institutis ecclesiasticis pro tempore moderandis*, est exactement composé comme le titre XVII du livre Ier de la collection en trois livres.

3° Le titre dernier du livre Ier de Saint-Pierre répond par sa composition au dernier titre du livre I de la collection en trois livres, sauf que la collection de Saint-Pierre, comme le *codex Pistoriensis* de la collection en trois livres, ne contient que les deux premiers des frag-

---

[1] *Deutéronome*, XVIII, 8.
[2] Lettre de S. Léon, 14, c. 6 (éd. Ballerini) ; cf. D. 65, c. 4.

ments de droit Romain qui terminent ce titre dans le manuscrit du Vatican.

4° Dans l'une et l'autre collection, le IIe livre s'ouvre par un titre Ier, de *prelatorum electione*. Voici les relations qui existent entre les deux collections :

Collection Saint-Pierre.		Collection en trois livres.
Ch. 1 à 4	=	Ch. 1 à 4
6 à 10	=	5 à 9
12 et 13	=	10 et 11
14 et 15	=	14 et 15
16 à 19	=	25 à 28
20 à 25	=	30 à 35
26 à 29	=	38 à 41
30	=	44
31 à 40	=	46 à 55

Ainsi des 55 chapitres qui forment le titre de *prelatorum electione* dans la collection en trois livres, 38 ont passé dans la collection de Saint-Pierre. En outre, l'auteur de cette dernière collection a inséré, au n° 5 et au n° 11, deux chapitres qui lui sont propres :

5 : Symmachus Cesario Arelatensi. Suggerimus ut nulli per ambitum... [1].

Et 11 : Anacletus. Electionem quoque ut suprà memoratum est, summorum sacerdotum... [2].

A la fin du titre se trouvent les chapitres suivants, tirés par le rédacteur de la collection de Saint-Pierre du VIe livre d'Anselme de Lucques :

41. — (Theiner, 15). Ut irrita sit omnis electio episcopi vel presbyteri vel diaconi quæ à principe fit. Ex secunda actione VI synodi, CCCL episcoporum. Omnis electio episcopi... [3].

42. — (Theiner, 16). De his qui se à populo electos asseverant. Osius episcopus dixit : Si talis aliquis extiterit temerarius ut talem... [4].

---

[1] Cf. la lettre du pape Symmaque à l'évêque Césaire, c. 5 ; Hinschius, p. 657.

[2] Ps. Anaclet, c. 21, *in fine*.

[3] Canon du 2e concile de Nicée ; cf. D. 63, c. 7 ; Ans. VI, 5.

[4] C. Sardique, c. 1 ; Ans., VI, 6.

43. — (Theiner, 17). Ut extranei non preponantur his qui benè servierunt in ecclesiis suis. Celestinus... Nec emeritis in suis ecclesiis...[1].

44. — (Theiner, 18). Quod jus ordinationis debet amittere qui neophytum improvide consecravit. Leo... Ubi est illa beati Pauli...[2].

45. — (Theiner, 19). Ut inter episcopos vel abbates non habeantur nec audiantur qui de laicis hanc susceperint dignitatem, et idem de inferioribus dignitatibus. Gregorius papa VII. Si quis deinceps episcopatum vel abbatiam...[3].

46. — (Theiner, 20). Quod bigamus aut concubinam habens non potest fieri episcopus, aut presbyter, nec diaconus, nec cetera. In canon. Apostolorum. Si quis post acceptum sacrum baptismum...[4].

47. — (Theiner, 21). Quod Mediolanensis episcopus jubente papa ordinatus est. Gregorius Johanni subdiacono : Defuncto Laurentio episcopo...[5].

Le titre II du livre II de la collection Saint-Pierre est intitulé *de prelatorum ordinatione*. Il répond dans la collection en trois livres au titre II du livre II, intitulé *de ordinatione archiepiscoporum et episcoporum*. Voici le résultat de la comparaison des deux titres :

Collection Saint-Pierre.		Collection en trois livres.
1 à 16	=	1 à 16
17	=	18

Suivent dans le manuscrit de Saint-Pierre les chapitres suivants qui manquent dans la collection en trois livres :

18. — Stephanus episcopus, servus servorum Dei, Gualberto patriarche inter cetera. Nunc vero iterato tibi scribimus, nolentes alicujus ecclesie privilegium infringere...[6].

Après un blanc :

---

[1] Lettre du pape S. Célestin aux évêques de Gaule ; cf. D. 61, c. 12 ; Ans., VI, 7.

[2] Ps. Léon ; Hinschius, p. 622 ; Ans., VI, 30.

[3] Grégoire VII au Concile de 1080, c. ; cf. Ans., VI, 64 ; C. 16, Q. 7, c. 12.

[4] Canons des Apôtres, c. 17 ; D. 33, c. 1 ; Ans., VI, 143.

[5] Lettre de S. Grégoire, III, 30.

[6] Étienne V à Walbert, patriarche d'Aquilée, J. W., n° 3442 ; cf. C. 9, Q. 3, c. 20.

19. — Gelasius. Quid de ordinando ecclesie... [1].
Et après un blanc.
20. — Episcopo vero omni tempore benedicant... [2].

Le titre III du livre II de la collection de Saint-Pierre, *de ordinatione sacerdotum et de tempore ordinationis,* correspond au titre III du livre II de la collection en trois livres. — Les deux titres présentent les différences suivantes.

En tête du titre de la collection de Saint-Pierre se trouvent les fragments suivants, qui ne se rencontrent pas dans l'autre collection :

Ex concil. Carthag. IIII, c. 2 : Episcopus cum ordinatur, duo episcopi... [3].

Osius episcopus dixit : Necessarium duximus... [4].

Ici, d'une écriture plus récente : Urbanus II Vitali presbitero : Artaudus Alanensis episcopus... [5].

(Theiner, 27). Qualiter ordinentur presbyteri et ceteri clerici. Ex concil. Carthag. Presbyter cum ordinatur... Diaconus cum ordinatur..., et toute la série, jusqu'à : Psalmista... [6].

(Theiner, 28). De ordine presbyterorum. Ex concile Teletano. Duorum clericorum....

Viennent ici, pour terminer le titre, les chapitres 1, 2 et 3 du titre de la collection en trois livres [7]. Les trois derniers des six chapitres qui forment ce titre sont omis dans la collection de Saint-Pierre.

Le titre IV du livre II de la collection de Saint-Pierre, *de reordinatione,* correspond au titre IV du livre II de la collection en trois livres,

---

[1] Sur ce fragment qui paraît en réalité appartenir à Pélage Ier (J. W. n° 991) et qui pourrait bien avoir été emprunté par notre collection à *Polycarpus* (II, 1, 36), voyez la note de M. Friedberg sous D. 28, c. 13.

[2] Tiré d'un *Ordo Romanus ;* cf. Ans., VI, 46.

[3] C. 2 des *Statuta Ecclesie antiqua ;* cf. Ans., VI, 49 ; D. 23, c. 7.

[4] Conc. de Sardique, c. 13 ; D. 61, c. 10.

[5] Texte non daté d'Urbain II ; cf. C. 8, Q. 3, c. 2.

[6] C. 3 à 10 des *Statuta Ecclesie antiqua.* Cf. D. 23, c. 8, 11, 14 et ss. Se trouvent dans la plupart des collections.

[7] Voir plus haut, page 35.

de reordinatione. — Les deux titres ont absolument la même composition[1], si ce n'est que le titre de la collection de Saint-Pierre se prolonge avec les chapitres suivants :

Ex concilio Spalensi II. Episcopus enim sacerdotibus ac ministris...[2].

Ex Agatensi concilio. Si quis presbiter ordinatus deprehendit...[3].

Ajouté : Alexander secundus scribens Grimaldo Constantiensi episcopo. Sollicitudo dilectionis tue studuit consulere utrum portitor litterarum istarum...[4].

Voici un titre de la collection de Saint-Pierre, *de simonia et investituris ecclesiarum*, qui, tout en présentant des analogies avec le titre IX du livre II de la collection en trois livres, en diffère par des traits importants. Cela ne doit pas nous étonner, car ce titre appartient précisément au livre III de la collection de Saint-Pierre, qui est, comme on l'a déjà dit, celui où l'auteur a montré le plus d'indépendance à l'égard de la collection en trois livres.

En tête, surajouté, se trouve le fragment suivant, qui n'appartient pas à la collection en trois livres : Actus Apostolorum, cap. XXIII. Cum vidisset Simon quia per impositionem manus...[5]

Puis on trouve, de l'écriture du manuscrit, le chapitre suivant : Ea que à sanctis patribus de simoniacis statuta sunt... (c. 1 du concile de Plaisance sous Urbain II, n° 12 du titre *de simoniaca heresi* de la collection en trois titres). Suivent les n°s 13, 15, 16, 17, 18, 22, 25, 30 et 32 du même titre[6]. Après ces onze chapitres, nous rencontrons :

(Theiner, 58) : Ut quilibet ex clero per pecuniam non ordinetur. C. Calcedon. Si quis episcoporum accepta pecunia...[7].

---

[1] Voir plus haut, page 36.

[2] Fin du c. 6 du 2e concile de Séville ; cf. C. 15, Q. 7, c. 7.

[3] Attribué au Concile de Compiègne ; Burchard, IV, 74 ; *Décret* d'Yves, I, 268.

[4] Cf. J. W., n° 4510 ; D. 52, c. 1.

[5] Voir plus haut, page 37.

[6] Voir plus haut, page 37.

[7] C. 2 (*Hispana*) du concile de Chalcédoine.

Quid fiat tam de emente quam de vendente. Gelasius : Ques vero constiterit indignos... [1].

Gregorius Brunichilde. Nec illud quodem quod simili emendatione... [2].

(Theiner, 59). Quod non sit elemosina que fit ex pecunia per symoniam accepta. Gregorius. Omnino metuenda et cavenda... [3].

(Theiner, 60). Quod contra simoniam vehementer sit exardendum. Gregorius Victori episcopo. Quisquis ad hoc facinus... [4].

(Theiner, 61). Non esse homines humana gratia largiendos. Gregorius in Evangeliorum tractatibus. Sunt nonnulli qui quidem nummorum premia... [5].

Gregorius Johanni Corinthiorum episcopo. Noverit fraternitas tua quia prius pallium... [6].

Gregorius generali synodo presidens dixit : Antiquam patrum regulam sequens... [7].

Simmachus Cesario... Si quis autem episcopatum desiderat... [8].

(Theiner, 62). Quod sacerdotium et imperium humanam maxime vitam ordinat, et de eligendis ordinandisque episcopis et de damnatione simoniace pravitatis. Imperator Justinianus Augustus Epiphanio... Maxima in hominibus... [9].

Ex canon. Apostolorum. Si quis episcopus secularibus... [10].

Gregorius VII... Quoniam investituras contrà statuta... [11].

---

[1] Cf. C. 1, Q. 1, c. 6.

[2] Fragment de la lettre de S. Grégoire à Brunehaut, IX, 109.

[3] Extrait de la lettre de S. Grégoire à Siagrius et aux autres évêques, IX, 106. *Coll.*, n° 128. Ce fragment et les suivants paraissent empruntés à la Collection en 74 titres, que je désigne par l'abréviation *Coll.*

[4] *Lettres* de S. Grégoire, XII, 29 ; cf. *Coll.*, n° 132.

[5] *Homélies* de S. Grégoire, I, 4 ; *Coll.*, n° 133.

[6] *Lettres* de S. Grégoire, VI, 57 ; *Coll.*, n° 134.

[7] Concile Romain de S. Grégoire en 595, c. 5 ; *Coll.*, n° 135.

[8] Cf. c. 5 de la lettre du pape Symmaque à Césaire.

[9] Long fragment sur la simonie, tiré de la Novelle 6 de Justinien ; (Authentique), déjà cité par Anselme de Lucques, I, 88.

[10] Canons des Apôtres, c. 31 : cf. C. 16, Q. 7, c. 14.

[11] Concile Romain de 1078. Fréquemment cité dans les collections de la fin du XIe siècle et du commencement du XIIe ; se retrouve dans C. 16, Q. 7, c. 13, avant le chapitre précédent.

Suivent le n° 19 et le n° 22 du titre *de simoniaca heresi* de la collection en trois livres (Pascal II).

Gregorius in registro. Presbyter si ecclesiam... obtinuerit...[1].

Urbanus II... Sane quia monachorum quidam episcopis jus suum...[2].

Urbanus II... preposito S. Vincentii apud Ticinum. Salvator predicat in Evangelio circa finem seculi pseudo-Christos...[3].

Ici une main postérieure a fait quelques additions. Le dernier chapitre est :

Gregorius VII. Nullus episcopus gravamen seu servile servitium ex usu...[4].

Le titre 2° du livre VI de la collection de Saint-Pierre, *de judiciis et judicibus*, répond au titre 33 du livre II de la collection en trois livres; mais le titre de la collection de Saint-Pierre compte des chapitres bien plus nombreux que celui de la collection en trois livres qui en comprend 61. Les deux titres s'accordent jusqu'à l'avant-dernier fragment de la collection en trois livres. Puis, au lieu du fragment 61 et dernier de cette collection, le titre du manuscrit de Saint-Pierre se prolonge par une série de chapitres :

Ut extra provinciam non deferatur judicium. Innocentius Victricio... Non liceat cuiquam sine prejudicio Romane ecclesie...[5].

Judicantem oportet cuncta rimari...[6].

Peregrina judicia generali...[7].

Nullus episcopus extrà suam provinciam...[8].

Episcopi prejudicium pontifici...[9].

---

[1] Sur ce texte, qui se rapproche d'un texte authentique de S. Grégoire, cf. C. 1, Q. 1, c. 3 et la note de M. Friedberg.

[2] Concile de Clermont, c. 4 : cf. C. 16, Q. 2, c. 6.

[3] Lettre d'Urbain II, voir plus haut, page 79, et C. 1, Q. 3, c. 8.

[4] Concile de novembre 1078, c. 9 ; cf. C. 1, Q. 1, c. 124.

[5] Innocent I à Victricius de Rouen ; cf. C. 3, Q. 6, c. 14.

[6] *Capitula Angilramni*, Hinschius, p. 763 : cf. C. 30, Q. 5, c. 11.

[7] *Capitula Angilramni*, Hinschius, p. 761 : cf. C. 3, Q. 6, c. 12 et la note de M. Friedberg.

[8] *Capitula Angilramni*, Hinschius, p. 762.

[9] *Capitula Angilramni*, Hinschius, p. 764.

In clericorum causa hujusmodi...[1].

Nullus episcopus vel infrà positus die dominico[2]....

Leo IIII episcopis Britannic. De libellis et commentariis.... promulganda[3].

Quod liceat pape condere novas leges. Ex decretis Adriani pape ex verbis Augustini ità dicentis : Sunt quidam dicentes Romano Pontifici semper licuisse... custodierunt[4].

Leo IIII episcopis Britannic. De libellis et commentariis aliorum.... fidem retinere. — (Cet extrait est plus complet que le précédent)[5].

Ici ont été insérés en des écritures postérieures à celles du manuscrit, d'abord trois chapitres :

Qui ab episcopo suo anathematis sententia...

Precipimus etiam ut tam episcopi quam clerici neque in superfluitate...[6].

Ad majorem autem domus Dei decorem...

Puis un chapitre de droit romain :

In authent. de litigiosis. Omnem vero causarum finem volentes celeriter...[7].

Après ces insertions, qui ont pris place sur un blanc laissé par le scribe primitif, reprend (folio 80, v°) l'œuvre de ce scribe :

Fabianus... : Si in rebus secularibus...[8].

Gregorius... : Divinis preceptis... Et quia cunctarum...[9].

---

[1] *Capitula Angilramni*, Hinschius, p. 764.

[2] *Ibid.*, p. 767 : cf. C. 15, Q. 4, c. 3.

[3] Léon IV aux évêques de Bretagne : J. W., n° 2599 ; cf. D. 20, c. 1. Canon très souvent cité.

[4] Ce fragment figure dans le titre de *Simoniaca heresi* de la collection en trois livres, voir plus haut, page 39. Il est tiré de Placide de Nonantule, mais attribué à un pape Urbain dans la collection en trois livres. On voit ici que l'attribution a changé. Cf. C. 25, Q. 1, c. 6, où le texte est attribué à Urbain.

[5] Voir la note ci-dessus.

[6] C. 4 du Concile de Latran de 1139, sous Innocent II.

[7] Nov. 112, c. 3, texte de l'Authentique.

[8] Ps. Fabien, c. 15 : *Coll.*, n° 5 ; Ans., II, 10.

[9] Ps. Grégoire IV à Aldric, évêque du Mans : dans Mabillon, *vetera Analecta*, p. 298 : cf. *Coll.* n° 13, et Ans., II, 17.

Quotiens episcopi se à suis comprovincialibus...[1].

Anacletus... Provincie autem multo ante...[2].

Sixtus... Si quis vestrum pulsatus...[3].

Osius episcopus dixit : Ex hoc placuit, ut si episcopus accusatus...[4].

Imperatores Valentin. et Valens Augg. ad Julianum comitem Orientis. Si clericus ante definitivam...[5].

Marcellus episcopus... Ad Romanam Ecclesiam omnes....[6]

Ici est intercalé, d'une écriture postérieure : Ex concil. Cartag. Statuendum est ut qui in ecclesia quamlibet causam...[7].

L'écriture du manuscrit reprend :

Athanasius et universi Egyptiorum, Tebaidorum... Felici pape. Similiter et à supradictis patribus est definitum consonanter...[8].

Nicholaus... Hincmaro Remensi. Arguta sapientia...

Et infrà : Privilegia tamen Sedis Apostolice vos oblivioni tradere...[9].

Enfin, une écriture plus récente a ajouté les textes du droit romain qui suivent :

1, § 1 et 4, *Digeste*, XLIX, 1, *de Appellationibus;* 2 ; 4, pr. et début du § 1 ; 5, § 5 ; 6 ; 8 ; *Digeste*, au même titre; 1, § 3 et § 2, *Digeste*, XLIX, 2 ; 3, *Digeste*, XLIX, 4.

Le titre du livre VIII de la collection de Saint-Pierre répond au titre XI du livre III de la collection en trois livres ; il est intitulé *de conjugio et adulterio et consanguinitate*. L'ensemble des fragments

---

[1] Ps. Felix II, c. 20 : cf. *Coll.*, n° 88 ; Ans., II, 59 ; C. 2, Q. 6, c. 16.

[2] Ps. Anaclet, c. 26 : cf. D. 99, c. 1.

[3] Ps. Sixte Ier, c. 5 et 6 ; cf. *Coll.*, n° 7, Ans., II, 8 ; C. 2, Q. 6, c. 4.

[4] C. de Sardique, c. 7. Se trouve dans les additions au livre II d'Anselme et dans Deusdedit, *Collectio Canonum*, I, 22 : cf. C. 2, Q. 6, c. 36, et la note de M. Friedberg.

[5] 2, *Code* de Justinien, I, 4 ; Ans., II, 3.

[6] Ps. Marcellus, c. 2 ; Ans., II, 7 ; C. 2, Q. 6, c. 6.

[7] C. 1 du 5e Concile de Carthage : cf. C. 2, Q. 6, c. 38.

[8] Ps. Felix II, c. 4.

[9] Nicolas Ier ; cf. Ans., II, 66, et C. 2, Q. 6, c. 13.

qui composent le titre de la collection en trois livres a été employé pour former le titre de la collection de Saint-Pierre ; cependant on peut signaler quelques omissions et de nombreuses additions. — Le titre commence par les fragments communs aux deux collections ; les additions sont rejetées à la fin.

Dans la série des fragments communs sont omis les chapitres 58 et 59, 74 à 78, 84 et 85, 87, 99, 101 et 102, 106 à 109, c'est-à-dire 16 fragments sur les 123 que comprend le titre.

En revanche, ont été intercalés, entre le chapitre 24 et le chapitre 25 : Gregorius ; Hii verò qui uxores suas in adulterio... [1].

Et après le chapitre 65, la formule bien connue : Ab ipso die in antea istam conjugem illam quam tu injuste dimiseras... [2].

A ces fragments, l'auteur de la collection de Saint-Pierre a ajouté une série d'environ 50 fragments sur le mariage, insérés par la même main sans solution de continuité à la suite de la série de fragments communs aux deux collections. Voici les *initia* des premiers de ces fragments supplémentaires :

De affinitate. Ex decret. Innocentii. Relictam patris uxoris tue... [3].

Ex canon. Apostolorum. In nuptiis autem qui ad clerum [4].

Nicholaus Constantiensi (episcopo). Non potuit illi femine jungi... [5].

Augustinus. Non licet homini christiano... [6].

Calixtus... Presbiteris, diaconis, subdiaconis et monachis concubinas habere... [7].

De cognata vel quam cognatus habuit. Si quis de propria cognatione... [8].

Gregorius junior Bonifacio. Quod proposuisti, si mulier correpta... [9].

---

1 Cf. *Polyc.*, VI, 4, 28 ; C. 32, Q. 7, c. 22.

2 Cf. C. 35, Q. 6, c. 11 et les notes de M. Friedberg.

3 Innocent Ier : Cf. Ans., X, 59.

4 Canons des Apôtres, c. 27.

5 Nicolas Ier ; cf. J. W., n° 2849 ; C. 30, Q. 4, c. 1.

6 S. Augustin à Pollentius, *de adulterinis conjugiis*, II, c. 15. Cf. Ans., X, 52.

7 C. 1 du Concile de Latran de 1123 sous Calixte II.

8 Cf. Burchard VII, 24 : *Décret* d'Yves, IX, 60.

9 Grégoire II à S. Boniface ; J. W., n° 2174, c. 2 : cf. C. 32, Q. 7, c. 18 et la note de M. Friedberg.

Augustinus, de sermone Domini in monte. Nichil iniquius... [1].

Ex libro Institution. Nuptie sive matrimonium... [2].

J'y relève plus loin :

Urbanus Sanctio regi Aragonum. De neptis tue conjugio... [3].

Urbanus papa. Si verum esse constiterit quod nobis legati Jordanis principis... [4].

La série, qui contient divers extraits des conciles francs, se termine ainsi :

Ex concil. Agrippinensi, c. VII. In septem gradibus omnia propinquitatum... [5].

Alexander Wuillesimo (*sic*) de Monasteriolo. Multorum relatione cognovimus te propriam velle abjicere uxorem... [6].

Urbanus II Cariaco Gennensi episcopo. Notificamus tibi ut tres vel duo... injungatur... [7].

Puis, en surcharge :

Ex conc. Ilerdensi : Quod non oporteat à Quadragesima usque ad octavam Pasche... [8].

Alexander II Landulfo. Notificasti te morte tenus infirmatum... separationis [9].

En somme, les fragments provenant de la collection en trois livres forment les deux tiers de ce titre important ; un tiers est fait d'additions. Il faut remarquer que le titre *de conjugiis* est de ceux où les additions sont les plus nombreuses.

Dans un titre voisin du titre *de conjugiis*, le titre *de juramentis* (VIII, 4), la comparaison avec le titre correspondant de la collection en trois livres (III, 14), conduit à des résultats différents.

---

[1] S. Augustin, c. 16, n° 47 : cf. C. 32, Q. 6, c. 1.

[2] Institutes, I, 9, 1.

[3] Urbain II à Sanche V, roi d'Aragon. Cf. J. W., n° 5399 ; C. 31, Q. 2, c. 3.

[4] Urbain II à Jourdain ; cf. J. W., n° 5382 ; C. 31, Q. 2, c. 1 ;

[5] Cf. Burchard, VII, 15 (même attribution).

[6] Alexandre II ; cf. J. W., n° 4524 ; C. 35, Q. 6, c. 10.

[7] Urbain II ; J. W., n° 5388 : cf. C. 35, Q. 6, c. 3.

[8] Cf. Burchard, IX, 4.

[9] Alexandre II ; J. W., n° 4520 : cf. C. 33, Q. 5, c. 2.

Sur les 54 chapitres dont est composé le titre de la collection en trois livres, la collection de Saint-Pierre en omet 15, et insère 4 chapitres nouveaux. Ici le travail du compilateur de la collection de Saint-Pierre a consisté bien plus à retrancher qu'à ajouter.

Ces observations suffisent, je crois, pour établir que les titres de la collection de Saint-Pierre (sauf, bien entendu, le début du livre I) ont pour noyau les fragments du titre correspondant de la collection en trois livres; l'auteur y a volontairement omis certains textes de la collection en trois livres; il a souvent ajouté des textes étrangers à cette collection. Il est difficile de dire à quels recueils il s'est adressé pour emprunter les textes ajoutés; ces textes sont, en général, des fragments qui circulaient dans les collections de son temps. J'ai pu seulement constater qu'il a puisé dans la collection en 74 titres[1] et dans le recueil d'Anselme de Lucques[2]. Il a parfois cherché dans les compilations de l'époque de Justinien des fragments nouveaux de droit Romain, pour les ajouter aux textes déjà nombreux qui ont trouvé place dans la collection en trois livres : voyez, par exemple, les additions, toutes tirées du *Digeste* (qui ont été signalées plus haut), à la fin du titre *de judiciis et judicibus*.

En somme, la même conclusion résulte de l'analyse des titres et de la considération du plan général de l'ouvrage : sauf dans la première moitié du livre I tiré d'Anselme, la collection de Saint-Pierre est la collection en trois livres revue, corrigée et augmentée.

CHAPITRE IV

DATE ET PATRIE DE LA COLLECTION

La collection de Saint-Pierre est postérieure à la collection en trois livres.

La démonstration péremptoire de cette proposition résulte des constatations suivantes :

---

[1] Voir les observations ci-dessus, p. 88, notes 3 et ss.

[2] *Ibid.*, pp. 84 et 85, notes.

1° La collection de Saint-Pierre comprend, outre des fragments tirés des lettres de Pascal II et de l'œuvre de Placide de Nonantula qui ont pris place dans la collection en trois livres, un certain nombre de fragments de lettres de Pascal II étrangers à cette collection ; ainsi notamment un passage d'une lettre à l'abbé et aux moines de Montmajour, datant de 1107 à 1115 [1], et un passage d'une lettre à l'archevêque de Vienne, Gui de Bourgogne, datant de 1115 [2]. Bien plus, on peut reconnaître dans le titre *de conjugiis* de la collection de Saint-Pierre [3] un canon du concile général tenu au Latran en 1123, sous Calixte II ; ce canon, loin d'être une addition, appartient à la partie primitive de la collection. Il en résulte clairement que la collection de Saint-Pierre ne saurait être antérieure à l'année 1123.

Si elle n'a pu être composée avant cette date, elle ne saurait lui être de beaucoup postérieure. Ce n'est point dans la portion primitive de la collection, mais dans un supplément ajouté après coup, que se trouve le c. 4 du concile tenu au Latran, en 1139, sous Innocent II [4]. La rédaction primitive fut sans doute achevée entre 1123 et 1130 ; il semble que l'année 1125 soit une date approximative fort acceptable. D'ailleurs, il faut reconnaître que selon l'intention du premier rédacteur, la collection de Saint-Pierre reçut des additions à diverses époques de la première moitié du XIIe siècle. Il serait trop long de mentionner ici ces additions très nombreuses, comprenant souvent des textes de droit Romain ; c'est à l'une de ces additions [5] qu'appartient la formule de *Libellus accusationis* du temps d'Eugène III (1145-1153), publiée par les Ballerini ; c'est aussi dans un supplément qu'ont été insérés, peut-être d'après Gratien, trois textes importants sur la liberté de l'élection des Pontifes Romains [6]. La

---

[1] C. 14 du titre *de decimis*, Livre III, titre 4 : cf. J. W., 6443 ; C. 16, Q. 1, c. 47.

[2] Au titre *de accusatione*, Livre VI, titre 1 : cf. J. W., 6467 ; C. 14, Q. 2, c. 1.

[3] Voir plus haut, page 92, note 7.

[4] Voir plus haut, page 90, note 6.

[5] Ce *libellus accusationis* se trouve en marge du début du livre VI de la collection de S. Pierre. Le texte en a été donné par les Ballerini, *De antiq. collect. canonum*, Partie IV, ch. XIV, c. 8.

[6] Voyez ces additions au titre II du livre II (*De prelatorum ordinatione*) : elles correspondent exactement et dans le même ordre aux fragments de Gratien. D. 63, c. 28, 29 et 30.

collection de Saint-Pierre, rédigée vers 1125, fut donc améliorée et augmentée pendant vingt-cinq ans par le possesseur du manuscrit, curieux de réunir les textes importants de la législation canonique.

Suivant toutes les probabilités, ce recueil vit le jour dans la région où était née la collection qui en forma la portion principale. Aucun indice ne décèle, dans la collection de Saint-Pierre, une origine étrangère à la péninsule ; par tous ses caractères, elle se rattache à la famille des recueils canoniques de l'Italie centrale.

Ainsi la collection de Saint-Pierre est une édition revue et corrigée de la collection en trois livres, à laquelle elle est sans doute postérieure d'une dizaine d'années. L'une et l'autre sont l'œuvre de la génération des canonistes italiens qui ont immédiatement précédé Gratien et lui ont frayé la voie. Elles sont issues toutes deux de la tendance qui poussait alors les esprits vers une sorte de codification dont Gratien fut l'expression définitive pour le droit, comme Pierre Lombard pour la théologie.

www.ingramcontent.com/pod-product-compliance
Ingram Content Group UK Ltd.
Pitfield, Milton Keynes, MK11 3LW, UK
UKHW031925260826
14628UKWH00003B/1432

9 782012 723306